JN439425

세월

현 대 수 필 가 100인선 · 67

세월

허창옥 수필선

좋은수필사

■ 책머리에

수필은 누구나 부담 없이 읽고, 마음만 먹으면 직접 쓸 수도 있는 가장 친근한 문학이다. 다른 영역의 문학이 영상매체에 밀려 신음하고 있는 중에도 수필 인구만은 날로 증가하여 바야흐로 수필 전성시대를 구가하고 있는 이유도 거기에 있을 것이다.

시대적 추세에 힘입어 수많은 수필전문지, 수필동인지가 창간되고, 이에 비례하여 신진 수필가도 날로 늘어나다 보니 이제는 그 많은 작가, 그 많은 작품 중에서 문학성 높은 작품을 가려 읽는 일이 쉽지 않게 되었다. 이런 현상은 작가에게나 독자에게나 결코 바람직한 일이 아니다. 더 나아가서는 수필을 연구하는 후세들에게도 큰 부담이 될 것이다.

이런 문제를 해결하는 데는 출판인도 마땅히 한몫을 감당해야 한다는 평소의 소신에 따라, 본사가 기꺼이 그 역할을 맡기로 했다. 그 첫 번째 사업으로 시대를 대표할 만한 수필가 100인을 선정하고, 작가가 자선한 40편 내외의 작품을 수록한 문고본을 발간하여 이를 널리 보급함으로써 그 소임을 다하고자 한다.

본사는 사명감을 가지고 이 사업을 추진해 나가기로 했다. 작가 선정을 전담할 편집위원회를 구성하고 전권을 위임하여 일체의 사적인 정실이나 청탁을 배제함으로써 전문성과 공정성을 확보해 나갈 것이다.

따라서 이 기획물 속에는 작가의 문학정신뿐만 아니라, 본사의 문학사적 기여 의지와 편집위원 제위의 수필문학에 대한 애정과 문인으로서의 양심이 함께 담겨 있음을 자부한다. 다만, 작가를 선정하는 기준에는 많은 견해의 차이가 있을 수 있고, 선정 과정에서도 미처 챙기지 못한 부분이 있을 것이라는 사실만은 인정하지 않을 수 없다. 이 점에 대해서는 관계자 여러분의 양해 있으시기 바란다.

이 시리즈의 발간 순서는 작가, 또는 본사의 사정에 의한 것일 뿐 그 밖의 어떤 기준도 적용하지 않았음을 밝힌다.

본 기획물이 시대를 초월한 많은 수필 애호가들의 관심과 애정 속에 우리나라 수필문학 발전에 한 이정표가 되기를 바랄 뿐이다.

2010년 7월

좋은수필 발행인 서 정 환

현대수필가 100인선 간행 편집위원 박 재 식 최 병 호

정 진 권 강 호 형

변 해 명

1_부

2_부

3_부

4_부

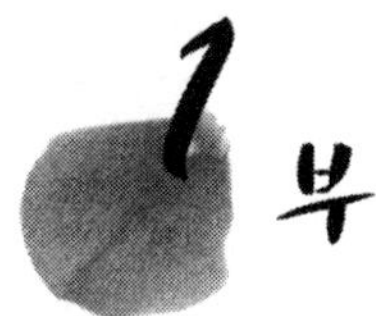
1 부

자화상

렘브란트가 스물세 살 때 그린 자화상을 보면서 그의 마음을 헤아려 본다. 그는 자신의 얼굴을 명암으로 갈라놓았다. 왼쪽 반쯤은 빛을 받아서 밝은 편이고, 오른쪽에는 짙은 그늘이 드리워져 있다. 그가 인간의 영혼이 지니고 있는 밝음과 어두움을 말하고자 했는지, 육화肉化된 생명체로서의 바깥모습과 그 내면세계를 표현하고자 했는지 나로서는 짐작할 수가 없다. 다만 왼쪽의 또렷한 생김새와 대조적으로 그늘이 진 오른쪽 얼굴에서 그의 감수성, 의지를 느낄 수 있다. 있는 그대로의 자신을 응시하여서 빛과 그림자로 그 의미를 형상화한 렘브란트의 자화상은 아름답다. 그의 진실과 지혜가 엿보인다.

비약이 될지 모르지만 그림을 보면서 나는 인간이 지니고 있는 양면성을 생각한다. 어떤 의미로든, 사람에게는 두 가지의 서로 다른 요소가 내재되어 있는 것 같다. 사멸하는 육체에 불멸의 영혼이 깃들어 있는 것이 그렇다. 없어지는 것과 없어지지 않는 것의 조화가 사람이다.

그래서인지 사람은 누구나 곧잘 내부에서 자신의 다른 목소리를 듣곤 한다. 자아에 맞서는 또 하나의 자아를 경험하는 것이다. 이성과 감성으로 갈라서서 다투기도 하고, 때로는 양심과 그렇지 못한 마음이 서로 밀치기도 한다. 죽어 없어질 육신의 편에 기울어지기는 왜 그리도 쉬운 일인지. 또 명랑함과 우울함의 양극 현상, 선함과 사악함 같은 대립된 의지가 인간의 내면세계에 함께 자리하고 있음을 부정할 수 없다. 조신한 자태 속에 숨어있던 분방함이 내란을 일으키기도 하고, 다비워낸 듯 보이는 초연함 뒤에 사욕이 우글거리고 있기도 하다.

그 모든 경우에 나를 대입해 본다. 어느 틀에나 조금은 맞아 들어간다는 사실을 인정하지 않을 수가 없다. 하여 신神만이 지선至善이며 인간은 원죄에 붙들린 한낱 피조물일 뿐이라고 항변도 해보고, 스스로 미물임을 아프게 깨달으며 절대자 앞에 낮게 엎드리기도 한다.

나는 적어도 풀어지지는 않았다는 자긍심을 가진 적이 있었다. 되도록 조심스럽게 행동하며 말소리도 별로 크지 않은 편이다. 허술한 매무새로 길을 나서지도 않는다. 그렇게 습관이 들어 있다. 물론 나무랄 일은 아닐 것이다. 사람은 기품이 있어야 한다는 쪽이므로 그렇게 되기 위해 애쓰고 있다.

그러나 한편으로는 겉으로 드러나지 않는 나의 모습에도 문득문득 눈길이 간다. 큰소리로 떠들고 손뼉 치면서 웃는 꾸밈없는 여인이고 싶을 때가 있다. 화가 나면 욕도 해대는 거침없는 사람이 되어도 그게 무슨 큰 탈이랴. 구겨진 옷을 입고 옥수수를 뜯어먹으며 길을 걸어도 좋을 것이란 생각이다.

나만을 향한 이기적인 삶을 살면서도 가책을 느끼지 않는, 둔한 신경이고 싶다. 나누지도 못하면서 공연한 죄책감만 느끼는 것이 도리어 민망하다. 나를 둘러싸고 있는 평안, 그 테두리 안의 안락함에 눈물겨워 하면서도 때때로 나는 뛰쳐나가고 싶어 한다.

만약 내가 곧이 곧대로 내 모습을 그린다면, 렘브란트의 명암과는 다른 뜻으로 더 뚜렷한 경계를 보이게 될 것 같은 생각이 든다. 그것은 어쩌면 너무나 정직하여서 오히려 추하게 보일는지도 모르겠다. 나 아니었으면 좋았을 내 모습이 하나 둘이 아닌 까닭이다. 하지만 그럴 가능성은 그다지 크지 않다. 이율배반적이고 모순투성이인 자아를 그대로 그려낼 용기가 나에겐 없기 때문이다.

나는 보편적이고 상식적인 존재이다. 구도자와 같은 인격상승이 있을 리 없고, 마찬가지로 양심이나 착함의 반대편으로만 기울어질 리도 없다. 그렇듯 분명치 않은 각도에서 그려낸 나의 모습은 자칫 위선의 더께를 입게 될 위험이 없지 않다. 위선을 떨쳐냈으면 좋으련만 그것 또한 쉽지 않다는 것을 체험한 터이다. 그래서 지금의 내가 자화상을 그린다면 아무래도 두루뭉술하게 그릴 수밖에 없을 것 같다. 그것은 내가 바라는 바가 아니다.

그림을 그리기 전에 나는 길고 긴 내면 조응照應의 시간을 가질 것이다. 먼저, 심성이나 사고思考에서 나는 좀 더 둥글어져야 하고 더 많이 단순해져야 할 것 같다. 그러자면 오랜 시간 스스로를 연마하여야 한다. 생애에 단 한 점으로 남을 자화상에 독소가 될 만한 것들을 그렇듯 천천히 걸러내어야겠다. 마침내 온화한 빛깔의 화폭에 조용한 눈빛을 가진, 아주 밝거나 몹시 어둡지도 않은 한 폭의 그림을 그릴 수 있었으면 좋겠다.

그런 그림을 과연 그릴 수 있을까. 삶의 고비에 부딪칠 때마다 뛰어넘지 못하고 굴절된 의식을 바르게 세우는 일이 가능한 것일까. 내부에 있는 수많은 적들의 충돌을 화합으로 이끌어내는 일이 이제 와서 될 성싶지가 않다. 고통스런 자아인식과 자신과의 치열한 싸움을 거쳐서 얻을 수 있는 것이 겨우 흐트러짐을 면한 정도의 모습이 아닐는지.

그러므로 붓을 들 시간은 나에게 영영 오지 않으리란 생각이 든다.

(1993)

산골짝의 다람쥐

간밤엔 비가 많이 내렸다. 국지적 호우라고 한다. 비는 산골 농가의 처마를 드세게 두드렸다. 소란스러운 삶의 현장에서 떠나와 산골에서 맞은, 게다가 장대비가 내리는 밤은 묘한 두근거림 속에 깊어갔다. 창을 내다보니 숲은 완벽한 어둠에 덮여 실루엣조차 보이지 않았다. 나뭇가지들을 후려치는 바람소리만이 숲이 거기에 있음을 느끼게 하였다. 태곳적 적요와 두려움 그리고 설렘이 있는 밤이었다.

그 밤을 밀어낸 아침은 아주 해맑다. 투명한 금빛이다. 숲속 어딘가에서 밤을 보냈을 새들이 경쾌한 날갯짓으로 이 가지에서 날아오르고 저 가지로 내려앉는다. 호젓한 길을 혼자 걷는다. 벚나무 밤나무 상수리나무 천지다. 나뭇잎에서 이따금 물방울들이 후드득 떨어진다. 머리에, 얼굴에 와 닿는 물방울의 감촉이 좋다. 구절초 꽃은 아직 피지 않았고 칡덩굴은 여름끝 무렵의 시퍼런 물기를 잔뜩 머금은 채 싱싱하다. 산딸기가 언뜻 보여서 쪼그리고 앉는데 뭔가 휙 지나가는 낌새다. 다람쥐다.

다람쥐는 나무를 타고 올라가다 어느 순간 동작을 멈춘다. 꼼짝도 하지 않는다. 나무 둥치에 네 발을 찰싹 붙이고 납작 엎드려서 죽은 듯이 있다. 저를 뚫어지게 바라보고 있는 나를 경계하는 것일까. 저에게 티끌만 한 적의도 없는데. 5분 혹은 10분쯤 지났을까. 다람쥐는 쪼르륵 수직상승을 하더니 이내 휙 옆의 가지로 수평 이동을 한다. 순간 동작이다. 자유자재, 거침없이 움직인다. 내 시선도 수직 수평으로 민첩해진다. 한참을 주저앉아 있으니 다리가 저리다. 하지만 인기척을 내지 않을 요량이다. 다람쥐와 함께 하는 고요를 깨고 싶지 않은 까닭이다.

맑은 아침, 삽상한 바람, 새소리, 나뭇잎들의 나부낌만이 있는 여기는 비어 있으며 동시에 꽉 찬 공간이다. 세계로부터 유리된 별개의 한 세상이다. 지금은 다람쥐와 나 둘만의 시간이다. 여기는 우리 둘이 공유한 공간이며 또한 무한과 닿아있는 열린 세계이다. 경계도 없고 걸림도 없다.

상수리나무의 거무죽죽한 줄기에 이번에는 황갈색의 작은 몸이 도립을 한다. 그는 지금 세상을 거꾸로 보고 있다. 거꾸로 서서 여유 있게 등에 난 검은 줄무늬와 긴 꼬리의 아름다움을 뽐낸다. 그는 자유롭다. 그는 한가롭다. 그런 그가 나에게 말을 걸어온다.

거기, 당신은 왜 갈 길을 버리고 나를 바라보고 있는가. 나에게서 무얼 보려는 겐가. 나에게서 의미를 찾아내려 한다면 당신은 헛수고를 하고 있는 것이다. 나는 당신이 어릴 적에 불렀던 동요〈산골짝의 다람쥐〉의 그 다람쥐에 불과하니까. 내 동작이 자유자재라고? 자유롭다고? 당신이라면 그렇게 볼 수도 있겠다. 당신은 늘 자신이 부자유스럽다고 생각하고 있으니까. 제한 된 공간에 있는 육신과, 사회적 가치와 종교적 신념에 반하지 않는 한계 속에 존재하는 영혼이 바로 당신이니까.

나로 말하자면 그런 점에서는 당신보다 우위에 있다고 해도 좋을 것이다. 나는 적어도 당신처럼 먹이를 위해 대부분의 시간을 소모하지는 않는다. 물론 때에 따라선 먹이를 저장하기 위해 둥우리를 만들고 갖다 나르는 수고를 하지 않을 수 없다. 그렇다고는 하나 지나치게 먹이를 탐하지는 않는다.

또 헛된 이름을 구하지도 않는다. 한 마리의 다람쥐 그 이상이 되기를 결코 바란 적이 없다. 나는 여기 풀꽃처럼 햇빛에 피었다가 바람에 스러지는 하나의 자연물일 뿐이다. 그러기에 많은 시간을 나무타기를 하며 보낸다. 이것이 나의 생활이며 살아가는 방식이다. 이 숲은 다 나의 공간이며 또 우리 무리의 삶터이다. 내 것과 네 것이 따로 있지 않고 너와 나의 경계가 없다. 그런 관점에서 보면 나는 자유롭고 풍요하며 질곡이 거의 없는 삶을 사는 탁월한 존재이다.

당신의 그 시선의 의미를 안다. 내가 가진 무한의 자유 그러니까 시간과 공간을 자유롭게 누리는 나의 삶을 당신은 지금 탐내고 있다. 그리고 당신은 무엇보다 이 숲, 이 대자연의 품속에 사는 나를 거의 질투에 가까운 심경으로 바라보고 있는 것이다.

'다람쥐 쳇바퀴' 돌듯 살고 있다고 당신은, 사람들은 생각하고 있다. 나라고 별 수 있겠나. 숲도 크게 보면 쳇바퀴 속이나 다름없다. 거대한 쳇바퀴, 그 나무가 그 나무인 숲에서 죽을 때까지 도토리나 찾는 게 나의 일생이다. 자유란 결코 시간이나 공간의 문제는 아닌 게다. 나는 자유롭다. 당신처럼 온갖 것을 다 붙잡고 아등바등하지는 않으니까. 이를테면 그 자유라는 걸 누릴 줄 안다는 것이다. 그것이 당신과 나의 차이라고나 할까.

순간 동작, 다람쥐는 나뭇가지 사이로 몸을 숨긴다. 그와 나의 짧지 않은 소통이 끝난다. 양손으로 무릎을 짚고 일어서니 다리가 휘청거린다. 고개를 들어 죽죽 뻗은 나무들을 올려다본다. 우거질 대로 우거진 나무들이 팔을 섞어서 하늘을 가리고 함께 서 있다. 숲은 아름답다. 숲에는 다람쥐 한 마리, 그리고 수많은 다람쥐들이 살고 있다. 그래서 숲은 더 아름답다.

다시 숲길을 걸으면서 생각한다. 산골짝의 다람쥐가 부럽다.

(2004)

근황

- 2005년의 그대에게

내가 이곳에 얼마나 오고 싶어 했는지 그대는 알고 있을 거야. 앞집 옆집 울도 담도 없는 촌락을 오래 소망했더니 마침내 이루어졌다. 35년을 함께 보낸 그의 고향 영일군 상옥리야. 그는 뒤꼍에 있는 텃밭에 나가 상추 파 고추 따위를 돌아보는 일로 한나절을 보낸다. 그리곤 이른 점심을 먹고 마을회관에 가서 어릴 적 친구들과 장기를 두다가 해거름이 되어서야 어슬렁어슬렁 들어온다. 그 모습을 볼 때마다 이곳에 오길 잘했다는 생각이 든다.

나는 그다지 좋은 아내는 아니었던 것 같다. 일에, 글쓰기에, 읽기에 매달려서 시간을 쪼개 쓰며 그에게 별로 다정하지 않았다. 그렇게 수십 년을 살았으니 그는 아마 외로웠을 게야. 그에게 가장 푸근한 곳은 고향이란 생각을 하게 되었다. 누이 좋고 매부 좋은 격이지. 그는 고향에 가면 좋을 테고 나는 작은 마을에 가고 싶었으니까.

이곳으로 올 때, 오래 함께했던 십장생 돋을새김 문양의 장롱을 처리하기가 힘들었다. 두 아이가 다 고개를 흔들었다. 붙박이가구에 익숙한 아이들이 그런 짐을 좋아할 리가 없지. 골머리를 앓은 끝에 우리 연배의 이웃에게 주고 왔어. 버릴 수는 없었거든. 그 다음에 문제가 된 것은 수십 년 끌고 다닌 책들이었다. 이사할 때마다 가려내어서 줄여왔는데 이번에는 줄이는 정도가 아니라 대부분을 처리해야만 했어. 아직도 온갖 것이 다 아깝다. 버림의 미학이 어쩌고 하면서도 속내는 영 그렇지 못하니. 스스로를 타일러가며 나눠주고 버리고 한 끝에 겨우 홀가분해 질 수 있었다.

농사지을 땅도 건강한 의지도 지니고 있지 않기에 이 마을에서 사는 것에 미안함이 없지는 않다. 하지만 고향이란 워낙 넉넉한 곳이 아니겠나. 이웃들은 우리를 따뜻한 마음으로 맞아 주었다. 이따금 어느 이웃이 손맛 듬뿍 든 수제비나 김이 무럭무럭 나는 삶은 감자, 찐 옥수수를 나눠 줄 때면 우리는 체면 없이 함지박만 하게 웃는다. 무엇보다 그의 옛 친구들은 귀향한 그를 반가워하고 건강이 좋지 않아서 쉬어야 하는 나를 이해해 주었다.

때맞춰 그와 나의 조촐한 밥상을 마련하고, 글을 쓰거나 책을 읽다가 멍하니 앉아 있기도 하면서 시간을 보낸다. 이 집을 나서서 조금 걸으면 양쪽에 과수원이 있는 호젓한 길이 나온다. 그 길을 아침저녁으로 걸을 때면 몸과 마음에 평화가 충일해 온다. 과수원은 사철 다른 정취를 자아낸다. 잎, 꽃, 열매, 나목들이 끊임없이 되풀이되는 지극히 당연하면서도 신비한 변모를 놓치지 않고 바라볼 수 있어. 그렇다고 그런 나를 너무 그럴듯하게 떠올리지는 말아. 2005년의 그대라면 혹 과수원 길의 정경과 어울리는 그림이 될지도 모르지. 지금의 나는 그저 조그마한 할머니일 뿐이야.

이 집 이야기가 빠졌네. 농가 한 채를 샀는데 하도 낡아서 새로 지었다. 왼쪽에 욕실 겸한 화장실, 부엌, 방 두 개 사이에 마루가 있는 일자형 집이다. 스무 평 남짓한 건평이지만 이런저런 편리함을 갖추었고 마당에는 화단도 만들었다. 도회지의 삶에 길들여진 내게 순수한 농가는 그야말로 꿈이었던 게야. 그나마 작은방을 돌아가는 모퉁이에 군불 땔 아궁이는 만들어 두었어. 겨울에 아이들이 오면 그는 군불을 때면서 즐거워한다.

나는 이미 내 어머니보다 십 수 년을 더 살았다. 그것이 가장 큰 자랑거리이다. 잘못 산 시간도 많았지만 그것은 살아있다는 사실만큼 절실한 문제는 아니라는 생각이다. 나는 아이들을 결혼시켰고 손자도 보았다. 어머니가 못한 일을 나는 해 내었다. 그런 일은 평범한 것 같지만 어떤 사람에게는 매우 절절한 것이다.

붉게 물드는 서녘 하늘을 바라볼 때마다 생각을 한다. 여태도 쓰기와 읽기를 버리지 못하였다. 눈도 예전 같지 않은데 이 또한 욕심이다. 그마저 버리고 그저 뜨는 해 지는 해나 바라보며 사는 것이 만년에 누릴 복락이 아닐까.

그대, 천천히 걸어서 이리로 오게나. 그때 비로소 그대와 나는 하나로 겹쳐질 게야.

2015년 가을, 햇살 가득한 뜰에서

(2005)

* 십년 후의 내 모습을 그려보았다. 그리 되기를 소망하며 오늘을 산다.

세월

"할머니, 댁에 들어가시는 거예요?"

"그래, 언사나 오나?"

잘 듣지 못하실 때도 있어서 큰소리로 인사를 하니, 할머니는 웃음 띤 얼굴로 쌕쌕 숨이 찬 대답을 하신다.

퇴근길에 할머니들과 마주쳤다. 여남은 분의 할머니들이 경로당을 막 나오신다. 종일 친구들과 시간을 보내시다가 지팡이랑 부채 손수건과 조그만 손가방을 챙겨서 집으로 가시는 길이다.

몇몇 꼬마들이 철봉 옆에 동그랗게 모여 앉아 무슨 시비를 가리는지 맞다! 아니다! 가 섞여서 왁자지껄하다. 하루에 한두 번은 꼭 지나치게 되는 경로당과 어린이놀이터, 아니 경로당 안 어린이놀이터의 풍경이다.

집 근처에는 기분 좋은 공간이 있다. 지나칠 때마다 그 풍경은 내 눈길을 붙잡는다. 나지막하게 앉은 빨간 벽돌집 기둥에는 초록바탕에 흰 글씨로 '모범 경로당'이라고 쓴 문패(?)가 붙어 있다. 현관은 언제나 열려 있어서 흰 고무신이나 굽 낮은 구두들이 가지런히 놓인 신발장이 보인다. 봉숭아, 나팔꽃, 이름 모를 꽃들의 씨앗이 여무는 꽃밭이 있고, 타월 두 장이 빨래 건조대에서 몸을 말리고 있다. 그 아담하고 정갈한 분위기의 경로당은 넓은 마당을 안고 있는데 그냥 마당이 아니다. 보드라운 모래가 깔린 어린이 놀이터가 있는 마당이다. 철봉, 그네, 미끄럼틀이 아이들을 불러들여서 재잘거리는 소리가 멈추지 않는다. 또 동네 아주머니들이나 가끔은 연인들한테도 자리를 내 주는 짙은 등나무그늘과 널평상도 빼놓을 수 없는 그림이다. 이 풍경을 '개똥 뉘지 맙시다.' 란 팻말을 달고 있는 느티나무와 무성한 잣나무, 플라타너스와 백일홍나무들이 둘러싸고 있다.

'언사나 오나'가 무슨 말씀인지 금방 알아듣지 못했다. 마침 비어있는 평상에 앉으면서 생각해보니 '벌써 오느냐'인 게다. 단 두 마디의 숨 가쁜 말씀이 눈물겹도록 친근하다. 옛날 우리 할머니 생각도 나고, 살아 계시다면 조금 전 그 할머니처럼 호흡이 편치 않을 연세인 어머니 모습도 그려진다.

지척에 집을 두고 여기에 잠깐 앉았다 가는 것이 퇴근길의 일상이 되었다. 발길을 멈추는 게 아니라 마음을 쉬게 하는 일이다. 가끔은 할아버지들이 싸우시는 듯해서 불안한 마음이 되기도 하는데 그때마다 조금만 기다리면 박장대소하시는 소리를 듣게 된다. 화투놀이를 하다가 언성을 높이시는 것이다. 같은 문으로 들어가서 칸막이를 가운데 두고 앉으시는 할아버지 할머니들은 남녀가 유별하시다. 늦은 아침에 오셔서 해질 무렵이면 느릿느릿 귀가하시는 어르신들을 뵈면 아직 건강하시다는 사실만으로도 감동적이다.

날마다 이곳에서 모래투성이가 되도록 뛰노는 아이들의 비상하는 새떼 같은 목소리들도 들을 때마다 기분이 좋다. 방학 때면 경륜 높으신 어르신께서 예절교육이나 한문 강좌를 열기도 한다. 지겨워서 몸을 비틀던 녀석들도 그게 꼭 싫지만은 않은 듯 배우고 투덜거리기를 되풀이한다.

노·유老幼가 함께 하는 이 공간은 마을에서 가장 아름다운 곳이다. 어르신들에게서 아름다운 낙조를 보기도 하고 꼬맹이들에게서 아득한 유년의 나를 만나기도 한다. 꼬맹이에게서 걸어 나온 나는 세상의 곧은 길 굽은 길을 걷고 걸어서 마침내 어르신께로 스며들 것이다. 어느새 나는 그 길의 반환점을 지나고도 한참을 온 것 같다. 벅찬 환희와 깊은 슬픔, 영과 욕을 겪으면서 때로는 의연했으나 더러는 비겁하기도 했던 게 개인사가 아닐까. 그렇듯 반전에 반전을 거듭한 끝에 거머쥐는 것이 자신과 타자에 대한 연민이며 인간애이리라. 이 순간에도 이쪽에서 저쪽으로 시간은 유장하게 흐른다.

어둠이 한 겹 내려앉는데 미끄럼틀 아래 할머니 한 분과 여섯 살쯤 된 여자아이가 마주 앉아 있다. 호기심에 그들 곁으로 다가간다. 정수리에 머리를 풀포기 모양으로 묶은 꼬마는 pet병에 모래를 채우느라고 여념이 없다. 은빛 커트머리의 할머니가 치맛자락을 앞으로 거둬 모은 채 쪼그리고 앉아서 참견을 하신다.

"해 빠졌는데 와 집에 안 가노?"

"엄마가 데리러 온댔어요."

(2000)

평범한 날의 평범한 이야기

친구는 지금 한 시간째 이야기를 하는데 끊어지는가 하면 이어진다. 나란히 앉아 있으므로 나의 시선은 그의 옆얼굴에 머물러 있다. 그의 얼굴은 단아하지만 좀 지쳐 보인다. 그는 갈색 주름스커트에 아이보리색 반소매 니트를 입고 굽이 낮은 구두를 신고 있다. 검소하나 세련되어 보인다. 그러니까 우리는 무척 오랜만에 만난 것이다. 몇 년 만인지 기억도 나지 않는다.

범어로터리의 횡단보도는 길다. 따라서 신호등이 바뀌는 시간도 길다. 인도와 횡단보도 사이에는 그래서인지 조그만 쉼터가 마련되어 있다. 신호등이 바뀌기를 기다리면서 은행나무를 바라보고 있었다. 오백 년 수령, 수피는 거의 다 벗겨졌고 세월만큼 옹이도 깊게 패었다. 하지만 잎사귀들은 싱싱한 초록이다. 돌에 새겨진 나무의 내력을 읽다보니 신호등은 다시 빨간색이다. 등나무 그늘로 들어가려다가 거기 놓인 통나무의자에 앉아 있던 그와 눈이 마주쳤다.

우리는 잠시 수다스럽게 인사를 나누었다. 왜 여기 앉아 있냐고 물었더니 그는 그냥 앉아 있다고 했다. 찻집에 가지 않겠느냐는 나의 말에 "여기도 좋은데 뭘" 그가 대답했다.

그 날 일을 잊을 수가 없어. 오늘처럼 이렇게 하늘이 흐린 오후였어. 아버지가, 어디선가에서 갑자기 나타나더니 엄마의 머리채를 휘어잡았어. 어찌어찌해서 아버지를 밀치고 도망을 치는데, 엄마가 그렇게 잘 달리는 줄 몰랐어. 그렇지만 아버지가 더 빨랐어. 대문을 나선 엄마는 논두렁을 달리다가 미끄러졌고 아버지는 그런 엄마를 논배미에다 처박았어.

바람 한 줄기가 지나가면서 머리카락 몇 올을 건드린다. 목소리들이 지나가고, 파란 플라스틱 슬리퍼도 찌이익찌이익 소리를 내면서 내 구두코 앞을 지나간다. 문득 ≪인생은 지나간다≫란 구효서의 산문집 제목이 생각난다. 그렇지, 인생은 지나가는 것이지. 그것이 아무리 신산하다 할지라도 결국은 지나가게 마련이지.

아버지는 노름 밑천이 떨어지면 들어와서 엄마를 두들겨 팼고 그게 무서워서 엄마는 되는 대로 돈을 마련해 주는 생활이 계속된 거야. 더 이상 엄마도 돈을 만들 수가 없었기 때문에 결단을 내려야했던 게지. 그날 밤, 고래고래 고함치던 아버지가 잠들었을 때, 엄마가 젖먹이를 업더니 살며시 방문을 열고 나가는 거야. 바로 그전에 엄마는 나와 동생들—여동생이 둘 더 있었잖아—을 번갈아 가며 뺨을 어루만지고 머리를 뒤로 쓸어주었어. 그때 엄마 손이 가늘게 떨리는 것 같았거든. 그 때문에 이상한 낌새를 알아챌 수 있었지.

일터로 돌아가야 했기에 나도 모르게 시계를 만지작거린 모양이다. 그가 너 가야하는 거 아니냐고 묻는다. 아니라고, 괜찮다고 나는 시치미를 뗀다.

엄마가 대문까지 가기를 기다렸다가 나도 고양이처럼 소리 내지 않고 일어났어. 하늘에는 달무리가 떠 있었고 별은 보이지 않았어. 동구 밖을 지나면 커다란 못이 있었거든, 엄마가 거기로 가는 거야. 가슴이 콩닥콩닥 뛰었어. 거기까지 꽤 먼데 그 컴컴한 길을 어떻게 따라갔는지…. 아마 나도 제 정신이 아니었을 거야. 못가에 주저앉아 있는 엄마를 숨도 안 쉬고 지켜보았어. 얼마나 그러고 있었는지, 한참 만에 엄마가 못 둑의 경사면으로 느리게 내려가는 것 같았어. 엄마! 세상에 태어나서 그만큼 크게 엄마를 불러보긴 처음이었어. 내 목소리가 하도 커서 나도 놀라 자빠지는 줄 알았거든.

그만 일어나야겠다는 생각을 하면서도 나는 꼼짝 않고 앉아 있다. 그의 야윈 손에 가 있던 시선을 거두어 위를 쳐다본다. 짙푸르게 우거진 잎사귀들 사이로 군데군데 동전만 하게 구멍이 뚫려 있었다. 잔뜩 흐린 날인데 작은 틈으로 난 하늘은 맑은 것처럼 보인다. 동전만 한 하늘 몇 조각을 보면서 생각한다,

희망은 저렇듯 작은 틈으로 쏘아주는 빛살 같은 것일 거라고.

엄마는 화들짝 놀라더니 일어나서 나를 껴안았어. 내가 큰 소리로 우는 바람에 업혀있던 동생이 깨서 막 울었어. "야들이 와 이래 우노!" 그러면서 바람 쐬러 나왔다고 집에 가자고 하더라. 엄마 손을 꼭 잡고 집으로 가면서 고맙다는 말을 하고 싶었는데 입술만 떨리고 말이 나오지 않았어. 그날 밤부터 며칠 동안 나는 몹시 아팠어. 내 이마에 물수건을 얹으면서 엄마는 몇 번이나 미안하다고 말했는데, 고맙다는 말은 여전히 내 입 속에서 우물대고 있었어. 아홉 살 때였지. 우리 어머니, 정신을 놓았다 잡았다하며 여태 살아 계시거든. 지금은 무엇 때문에 사실까.

그가 나를 보고 웃는다. 일상적인 미소다. 마주보고 웃음 지으며 나는 속으로 말한다. 누구든 무엇 때문에 살지는 않아. 그냥 사는 게지. 저 은행나무도 그냥 견디며 살아왔을 거야. 그의 손을 잡는다. 손이 따뜻하다.

(2002)

구두

구두코를 내려다보며 걷는다. 말이 구두코이지 코고무신의 그 '코' 자를 붙이기에는 도무지 어울리지 않을 만큼 못생겼다. 명색 구두코라는 이름이 어울리려면 뾰족하거나 적어도 각이든 곡선이든 좀 날렵한 멋이 있어야 하지 않겠는가.

발은 편하다. 앞이 뭉툭하고 굽은 거의 없는 둔한 모양의 구두를 지하상가에서 사 신고 오는 길이다. 구두 속, 발바닥에서 발목부위까지 덧대어진 호피무늬의 두꺼운 천 덕분에 발에 와 닿는 감촉이 부드럽고 따스하다. 편하고 따뜻하다. 그것이 새 신을 찾은 목적이다. 그러면 된 것 아닌가. 구두를 내려다보며 걷다보니 그러나 그게 아니다. 미흡하다. 편하고 따뜻하고 맵시도 있으면 더 좋으련만.

구두가 선망의 대상이었던 때가 있었다. 신데렐라의 유리구두나 콩쥐의 꽃신까지는 아니더라도 예쁜 구두를 탐했던 기억이 있다. 1960년대 초 막내고모가 신던 '빼딱구두(하이힐)' 의 그 위태로운 아름다움이라니. 호시탐탐 발에 걸고 마당 구석을 아슬아슬하게 걷다가 고모한테 등짝을 한 대 맞고 빼앗겨야 했다.

그보다 10년쯤 뒤 또 한 차례 나를 황홀하게 했던 구두는 여학생화였다. 건강하고 매끈한 종아리, 발목에서 한 겹 접는 새하얀 양말 그리고 거기에 그토록 빛나게 어울렸던 까만 구두. 그 시절에 육칠십 명이던 한 반 학생 중에 한두 명만이 신을 수 있었던 그 구두는 선망의 대상이 되기에 모자람이 없었다.

필리핀 전 대통령의 부인 이멜다여사처럼 호사를 누릴 까닭은 없지만, 신고 싶은 보통의 멋내기 구두 정도는 살 수가 있는데 이제 발이 허락하지 않는다. 발가락들에 문제가 생겨서 편한 신을 마련해야 했다. 모양도 없을 텐데 비싼 걸 살 필요가 있을까 싶어 지하상가엘 들렀다. 편해야 한다는 최초의 목표를 잊지 않으려고 눈에 들어오는 예쁜 모양을 다 지나쳐야 했다. 225㎜의 발 크기를 무시하고 235㎜ 검정색으로 골랐다. 값도 쌌다.

구두를 내려다보며 걷다 보니 지나치는 수많은 다른 구두들에 저절로 눈길이 간다. 코가 엄청나게 길고 뾰족한 갈색이 또각거리며 지나가고, 둘레가 만두처럼 주름이 잡힌 세칭 만두신이 스쳐가고 때가 낀 헌 운동화도 바쁘게 걷는다. 그렇게 무심히 또 유심히 신발들을 지나치는데 어떤 구두가 눈에 잡힌다. 구두를 보는 것과 거의 동시에 그 주인을 향해 고개를 든다.

가로수 가지치기를 하는 인부다. 그리고 그의 구두이다. 낡은 군화, 196,70년대 젊은이들이 그런 모양의 검정색 구두를 신었었다. 가난의 상징이었지만 그런대로 시대의 멋이 되어버려서 오히려 낭만적이기까지 한 것이었다. 그런데 지금 이 사람의 구두는 그보다 훨씬 깊은 표정을 하고 있다. 실금이 무수히 간 가죽에는 누런 흙먼지가 끼어 있다. 그 위로 작업복 아랫단을 구겨 넣은 검정색 회색의 가로줄 무늬 양말목이 보인다. 삶의 노역이 배어 있다. 인부의 신발을 한 순간에 스치면서 낯이 익다 생각하는데, 진중권의≪미학오디세이≫에서 보았던 고흐의 〈구두〉가 떠오른다.

한 켤레의 구두가 얌전히 놓인 정물화였는데 흙이 묻어 있는데다 낡아서 한 짝의 발목부위가 바깥으로 접힌 채 널브러졌고 끈이 풀려 있었다. 명암에 의해 구두의 어두운 속이 들여다 보였다. '빵의 확보를 위한 불평 없는 근심과 고난을 극복한 뒤의 말없는 기쁨, 구두가 진실로 무엇인지를 보여주고 있으며 그게 바로 아름다움이다.' 대개 이런 내용이 그림을 설명하고 있었다. 아무런 설명이 없었더라도 삶의 고단함과 절실함을 느끼기에 충분하였다.

구두가 진실로 무엇인가. 내게 진실이 담긴 구두가 한 켤레라도 있었던가. 신다가 낡아서 버리고 발이 아파서 신장에 방치하고 유행이 지나서 잊힌 구두가 도대체 몇 켤레나 될까.

생각해보니 아름다운 추억이 담긴 것도 특별히 애착을 가졌던 것도 없었던 것 같다. 구두에 한 번도 내 삶을 담지 않았던 것이다. 구두와 함께 길을 걷지도 않았다. 그것들은 무심히 쓰고 버리는 소품에 지나지 않았다.

지금 아픈 발을 감싸고 있는 이 못생긴 구두에 어쩌면 진실이 담길 수도 있겠다는 생각이 든다. 인생의 밭고랑을 흙먼지를 묻히며 함께 걷는 정도는 되지 못할지라도 남은 생 불편한 발을 맡길 믿음직한 친구는 될 수 있지 않을까. 낡아서 더 이상 신지 못하게 되어 신장 한구석에 얹힐 때까지 이 뭉툭한 구두는 내가 걸은 길을 기억하는, 내 발 내 삶의 진실을 알고 있는 최초의 구두가 되지 않겠는가.

더는 아래를 내려다 볼 까닭이 없다.

(2004)

겨울 수성못

자주 수성못을 찾는다. 어디론가 나가고 싶지만 멀리 갈 수 없는 형편일 때 그저 만만하게 찾는 곳이 수성못이다. 오후 한때, 아니면 저물녘이라도 생각만 있으면 금방 달려올 수 있어서 좋다. 누군가를 만날 때도 되도록 못 주변의 찻집이나 레스토랑을 장소로 제안하는데 대개 좋다고들 한다. 어느 계절이든 호수의 정취는 그만이니까.

왕벚나무 배롱나무 느티나무 은행나무 전나무 히말라야시다, 그 나무들 사이에 놓여있는 벤치들, 그리고 사람들이 만들어내는 풍경이 참으로 아름답다. 한결같은 표정을 지닌 못물에는 언제나 오리들이 유유자적 떠다닌다. 한나절 둑을 거닐거나 서 있다 보면 유정한 마음이 된다. 어느 때는 평화가, 어느 날은 슬픔이, 또 다른 날은 그리움이 가슴에 가득 차는 것이다. 그런 정감들의 정체가 무엇이든 조용한 사유의 시간을 가지게 된다. 그것으로 그 하루는 풍요롭다. 그래서 종종 수성못이 그립다.

수면의 반쯤은 얼어붙어 있다. 좀 더 정확히 말하자면 못의 북동쪽은 빙판이고 남서쪽의 수면에는 자잘한 물결이 보인다. 나는 지금 못의 서쪽 둑에 서 있다. 오후 4시가 조금 지난 시각, 해는 남서쪽에 와 있다. 차가운 날씨지만 햇살은 맑디맑다. 그래서인지 사람들이 대개 남쪽이나 서쪽에 모여 있는 것 같다.

풍경 하나

중년의 남자 세 명이 자전거를 타고 앞서거니 뒤서거니 벌써 몇 바퀴째 못을 돌고 있다. 운동이다. 수성못에는 언제나 운동하는 사람이 있어서 좋다. 부부가 함께 간편한 차림으로 나와서 걷거나 뛰거나 하는 모습들을 흔하게 볼 수 있다. 지난번에 왔을 때는 걷기도 힘들 만큼 뚱뚱한 외국인 남자가 옷이 흠뻑 젖도록 달리고 있었다. 운동하는 사람들을 바라보면 부럽다. 내가 가장 못하고 또 하기 싫은 것이 운동이기 때문이다. 자전거가 옆을 지날 때 내는 '쉭쉭'하는 소리가 좋다. 그 건강한 힘이 전해져 오는 것 같다.

풍경 둘

몇 발짝 옆에 한 쌍의 남녀가 있다. 못의 동쪽에서 내가 이곳으로 왔을 때부터 그들은 같은 모습이다. 말을 주고받는 것 같지는 않다. 그들은 한 사람쯤 들어설 만한 폭을 두고 떨어져 서서 못물만 하염없이 바라보고 있다. 분위기가 예사롭지 않다. 이별이라도 하는 것일까. 그렇다면, 동쪽 둑으로 가 보시라. 동쪽 둑 뒤에는 나무들이 둘러 서 있고 못물에 안겨 있는 작은 동산도 가깝게 보인다. 남쪽에는 놀이 배들의 선착장이 있어서 조금 산만하고 서쪽과 북쪽에는 나무가 없어서 쓸쓸함이 더하리. 사랑에 어찌 환희만 있으랴. 가슴 저미는 이별 또한 사랑에 이미 포함되어 있었던 것이리니, 겨울나무나마 위안이 되지 않겠는가.

풍경 셋

젊은 부부가 지나가는 청년에게 사진기를 맡기고 자세를 잡는다. 너덧 살쯤 된 딸애를 앞에 세우고 남자는 여자의 어깨에 팔을 두른다. 두 사람은 아이의 키와 구도를 맞추기 위해 약간 앞으로 굽힌 자세다. 그들은 환하게 웃는다. 행복한 가족이다. 그렇긴 하지만 이런 추위에 아이를 데리고 못 바람을 쐬다니, 역시 젊긴 젊구나. 이만한 추위쯤이야 그들을 방안에 잡아둘

수가 없지. 사람의 한살이에서 맞닥뜨릴 크고 작은 어려움도 그렇게 밝고 활기찬 모습으로 이겨내기를….

풍경 넷

남쪽으로 걸어 나온다. 찻집 '호반'에 가서 차를 한 잔 마실 생각이다. 호반은 못물을 가장 가까이 볼 수 있는 곳이다. 남쪽 인지라 사람들이 삼삼오오 모여서 이야기를 나누고 있다. 간이 찻집에 둘러 앉아있는데 대개 어르신들이다. 뜨거운 차를 담은 종이컵을 두 손으로 감싸 쥐고 허허허! 소리 높여 웃으시기도 한다. 그렇게 하루해를 넘기시는가. 따뜻한 찻집도 아닌 노점에서 한 잔의 뜨거운 차에 몸을 녹이시는 것인가. 호반에 들어가고 싶은 마음이 사라진다. 동전 몇 개로 나도 커피 한 잔을 받아든다. 갑자기 쓸쓸해진다.

제각각이다. 그 모습들을 보느라 추위도 잠시 잊었다. 시간이 얼마나 지났을까, 손이 시리다. 찬바람에 얼굴도 따갑다. 이젠 집에 가야지. 내 마음에 다가온 풍경 몇 점, 그 속에는 내가 있었고 사람들이 함께 있었다. 어느 풍경도 낯설지가 않다. 눈길 가는 대로 바라본 풍경들, 생각해보니 내가 지나왔거나 지나가게 될 인생의 그 어디쯤인 것 같다. 제각각이지만 동시에 그리 다르지 않은 우리네 얼굴들이다. 그러니까 우리는 모두 그 누구 이상도 이하도 아닌 것이다.

어느새 못의 동쪽까지 왔다. 다시 수면을 바라본다. 고만고만한 사람들이 찾아와서 보여주는 이런저런 모습들을 다 끌어안고도 못물의 표정은 사뭇 고요하다.

'성당못은 펼쳐 놓은 경전이었네'

강문숙의 시 '저녁 산책'에 있는 시구다. 친구여, 수성못도 바로 그 경전인가 싶네.

(2000)

사랑의 묘약

가을밤, 문화예술회관 앞길을 천천히 걷는다. 공기는 맑고 서늘하다. 큰길로 나가는 길모퉁이에 자귀나무가 있다. 한 걸음 다가서 본다. 합환화라 불리는 꽃은 이제 보이지 않는다. 실처럼 퍼진 담홍색 꽃들이 바람에 일렁이면 나무의 뿌리와 가지들과 부챗살 같은 잎들이 한꺼번에 기쁨을 노래하는 것 같았는데. 꽃이 진 자리에는 열매들이 조롱조롱 매달려 있다. 사랑의 열매.

지난봄 오페라 '사랑의 묘약'을 관람하고 나올 때도 자귀나무 앞에서 나는 걸음을 멈추었다. 합환목이란 이름 때문에 '사랑의 나무' 라는 생각이 들어서였다. 이 사랑의 나무를 보면 '희미한 옛 사랑'의 더 희미한 기쁨과 슬픔이 문득 생각나는 것이다. 이제는 그립거나 아프지도 않은 무딘 기억의 조각들이지만, 내게 사랑이 있었다. 가을 날 노을이 비낀 냇가에서 물수제비뜨던 소년이 있었다.

도니젯티의 희극 오페라 '사랑의 묘약' 에서 주인공 네모리노는 아디나의 사랑을 얻을 수 있다는 약장수의 말에 속아, 포도주를 묘약으로 알고 사서 마신다. 네모리노는 자신의 사랑을 바다를 향해 흐르는 시냇물에 비유한다. 시냇물은 바닷물에 닿으면 자신을 상실하게 된다. 그렇듯 대상에게 완전히 몰입되기를 바라는 네모리노는 아랑곳없이, 아디나는 멋있는 군인인 벨코레와 결혼하기로 약속한다. 묘약이 더 필요하다고 생각한 네모리노는 약값을 마련하기 위해 군대에 입대하려고 한다. 네모리노의 진실을 알고 감동을 받은 아디나는 마침내 네모리노를 사랑하게 된다. 네모리노는 묘약의 힘이라 생각하고 기뻐하지만 실은 신실한 사랑의 힘이었던 셈이다. 그러니까 묘약은 바로 깊고 진실한 사랑 그 자체인 것이다.

오페라의 앞부분에 아디나가 '트리스탄과 이졸데'의 사랑 이야기를 읽는 장면이 나온다. 고트프리트의 소설 '트리스탄과 이졸데' 의 두 주인공은 실수로 사랑의 묘약을 나눠 마셔서 어쩔 수 없이 연인이 된다. 트리스탄은 야심만만한 젊은이로 나라와 나라를 오가며 정략결혼을 주선하고 거기에서 자신의 입지를 확보하려는 사람이었다. 아일랜드의 공주인 이졸데를 콘월의 왕과 결혼시키기 위해 여왕이 준 '사랑의 묘약'을 가지고 콘월로 향한다. 콘월의 왕으로 하여금 묘약을 마시게 하면 왕은 이졸데와 사랑에 빠지게 된다는 것이다. 그 결과 아일랜드와 콘월의 화평을 이루게 하는 것이 트리스탄의 임무였다.

트리스탄은 도중에 목이 말라 무심코 묘약을 마시고 이졸데에게도 건네준다. 두 사람은 열정과 광기에 찬 사랑의 도가니에 빠지고 만다. 숭고한 가치와 아가페적인 사랑이 지배하던 중세에 고트프리트가 반기를 든 것이라고 한다. 상류 사회의 규범에 익숙해있던 교양 있고 지적인 두 사람을 제어할 수 없는 사랑에 빠지게 하기 위해서, '사랑의 묘약'이라는 소품이 있어야했고 또 실수가 필요했던 것이다. 그러한 장치가 없었다면 그들은 결코 연인이 되지 못했을 것이다. 실수로 말미암은 사랑, 참 재미있다. 어쩌면 모든 사랑에는 작고 큰 실수가 포함되어 있는 것인지도 모른다. 트리스탄과 이졸데는 자신들이 잘못된 사랑을 하고 있다고 생각하고 결국 명예와 충성심 그리고 순수한 사랑을 택하게 된다. 그들은 자유롭고 솔직한 인간으로서의 자신을 부정하고 더 높은 가치를 위해 욕망을 추방한다. 물론 고통을 감내하면서.

오페라 '사랑의 묘약'은 가짜 약으로 진실한 사랑을 찾게 되고 소설 '트리스탄과 이졸데' 는 진짜 약으로 가짜 연인을 만들었다. 두 이야기를 동시에 떠올리며 사랑에 대해서 긴 생각을 해보았다. 다소 우스꽝스런 설정에도 불구하고 진실한 사랑을 찾게 되는 앞의 이야기나, 사회적 규범과 가치에 자신들의 사랑을 희생하는 뒤의 이야기는 그 결말이 비슷하다. 사랑에는 여러 가지 형태가 있고 그 과정도 저마다 다르겠지만 대개 바람직한 사랑은 말 그대로 바람직한 것이어야 한다고 할까. 사랑의 덕목은 모름지기 진실과 순수인 것이다.

약을 마시면 사랑을 얻게 된다고 믿는 네모리노의 순진무구함과 실수로 인해 사랑에 빠지는 연인들이 다 무척 인간적이라는 생각이 든다. 누구나 한번쯤 사랑에 대한 간절함 때문에 가짜 약을 마셨거나 실수로 진짜 묘약을 마셨을 것이라 해도 지나치지는 않으리라. 사랑은 바로 인간의 상사가 아니겠는가. 이른바 '행복한 끝'이 아닌 사랑에는 어떤 의미로든 실수가 있었을 터, 그 실수란 말이 마음을 편안하게 한다. 실수란 말에는 '돌이킬 수 있는 여지'가 이미 포함되어 있는 것이 아닐까. 보통의 경우, 사랑에 빠진 사람이 자신의 실수를 깨닫는 데는 다행스럽게도 그리 긴 시간이 걸리지는 않는 것 같다. 물론 깨닫고 인정하는 일이 이루 말할 수 없는 아픔이 될 수도 있다. 기쁨은 사라지고 슬픔과 회한만 남는 것이리라. 그러면 어떤가. 다른 모든 현상과 마찬가지로 사랑의 감정도 생성과 소멸의 과정을 겪는다고 생각하면 그만이다. 아주 자연스러운 것이다.

그리움과 설렘이 다 소멸될 때까지 기다리는 것은 정말 쓸쓸한 일이다. 그래서 실수를 되도록 빨리 깨닫는 것이 좋을 성싶다. 아직까지 그리움이 남아 있고 더러는 눈시울이 젖기도 할 때 그의 뒷모습을 보는 것은 매우 중요하다. 그래야만 그 뒷모습이 지워지지 않는 풍경이 되어 이따금 기억의 창에 비칠 것이기 때문이다.

사랑을 말하기에는 민망할 만큼 나는 나이가 들었다. 그럼에도 불구하고 사랑 이야기를 하고 있다. 사랑은 인류의 영원한 주제이고, 게다가 비록 할머니가 될지라도 나는 여전히 그 사랑의 반쪽인 여인이겠기에.

밥을 먹거나 하품을 하는 것처럼 편안한 풍경 하나가 가끔 그리고 오늘처럼 자귀나무 곁을 지날 때 떠오르곤 한다.

(1999)

창窓

이른 아침에 일어나 동쪽으로 난 창을 내다본다. 잠에서 깨어나는 시간이 빨라지면서 생긴 습관이다. 어린이 대공원 뒷산 능선에 붉은 해가 걸려 있다. 산 위에 나란히 서 있는 쭉쭉 뻗은 교목들이 마치 해맞이 열병식을 하고 있는 것 같다. 해는 거의 주홍빛에 가깝다. 날마다 보는 아침 풍경이지만 그때마다 신선하다.

창을 통해 해를 본다. 해를 보면 마음이 열린다. 나는 창안에 있다. 지금은 아치형의 붙박이창으로 바깥을 내다보고 있다. 그리고 온종일 약국 앞면 유리로 세상을 본다. 유리는 유리지 창이 아니다. 더구나 그것이 쇼 윈도의 역할을 하고 있다면 내다보기 위해서가 아니라 들여다보게 하기 위해서 그 자리에 세워져 있는 것이다. 결코 창문이 아니다. 아무튼 나는 내다볼 수 있는 모든 투명한 것을 창으로 규정하였다. 혼자 그렇게 생각한다. 창을 참 많이도 좋아하기 때문이다.

우리 집에는 창문이 많다. 연 푸른색 문틀에 그보다 더 옅은 옥색 유리가 끼워져 있다. 유리의 문양은 모두 반투명한 아자亞字형이다. 일정한 공간 안에서 생활이 이루어지다 보니 다니면서 세상을 보는 것보다 앉아서 보기를 즐기게 되었다. 창문이 많아서 좋을 수밖에.

창 밖 풍경이 고정되다시피 한 도시의 한복판이지만 날마다 보는 해가 신선하듯이 그게 그것인 풍경도 그때마다 다른 즐거움을 준다. 창 안에 오도카니 앉아서 창 밖의 것을 그리워한다. 창 밖에 무엇이 있을까하는 따위의 호기심은 없다. 무엇이 있는지 다 알고 있다. 그만큼 내가 써버린 세월의 길이가 길다.

다 알고 있기에 오히려 그리워한다. 만나지 못하는 이를 그리워하고, 가지 못한 어떤 장소를 그리워한다. 무언가를 그리워한다는 것은 살맛나게 하는 일이다. 그러니 좁은 공간 속에서도 갑갑하지가 않다. 세상과 나 사이에 창이 있어 다행이다. 창문이 밖의 풍경을 그 크기만큼 가득 채워서 안에 있는 나에게 무상으로 건네주는 것은 정말 고마운 일이다. 만약 창이 없거나 있어도 아주 조그맣다면 얼마나 답답할까.

우리의 옛 한옥에도 창이 많이 있었다. 교창 봉창이 있었고 여닫이문 미세기문 장지문이 다 창의 역할을 하였다. 아름답고 정교한 형태의 문살에 창호지를 바른 은은한 지창紙窓이다.

교교한 달빛 아래 대나무 그림자가 어룽지는, 한 폭 그림 같은 지창이 있었다고 하자. 그러한 밤에 지창은 바느질을 하고 있는 여인의 귓가에 뜰의 풀벌레소리, 멀지 않은 곳에서 흐르는 개울물소리, 저녁마을 나갔다 돌아오는 지아비의 발걸음 소리를 가감 없이 들려주었을 것이다. 그토록 정감 어렸던 지창은 거의 사라져 버렸다.

그 자리를 커다란 유리가 대신하고 있다. 모든 새로운 것은 그 아름다움과 편리함에도 불구하고 옛 것을 그리워하게 만드는 경향이 있다. 미학적인 면과 소음방지, 통풍과 채광이 충분히 고려된 요즈음의 창도 예외가 아니다. 그래서일까. 자주 옛 창이 생각나곤 한다.

고향 집 문간방에는 남쪽으로 난 들창문이 하나 있었다. 막대기로 받쳐서 열어 두었다가 앞으로 당기면 접혀서 닫히는 조그만 들창문이다. 키 작은 아이였던 나는 베개 한두 개를 딛고 올라서야 가까스로 밖을 내다볼 수 있었다. 그 창을 열어서 얼굴을 내밀고 있으면 앞거름(마을 앞에 있었던 작은 동산)에서 불어오는 신선한 솔바람이 뺨을 어루만져 주곤 하였다.

얼마 전에 옛 물건들만 파는 가게에 들렀다가 그때의 들창문을 닮은 문짝 하나를 보았다. 지금은 자취 없는 옛집에 들어선 듯 반가웠다. 마침 가진 돈이 없어서 돌아왔다가 내내 눈에 밟혀서 한 달쯤 후에 다시 가서 싼값에 사 왔다. 서재에 ㄱ자로 세워 두고 들고나며 보고 있다.

달빛에 젖은 지창이든 오랜 기억 속의 들창문이든 이중삼중의 유리창이든 무조건 창이 좋다. 창을 통해 바라보는 세상은 부드럽고 평화롭다. 세상살이에 있게 마련인 혼란스러움과 어려운 문제들을 창은 한 층 걸러서 보여준다. 그래서 안과 밖에 있는 근원적인 고뇌를 잠시 잊기도 하고, 여과되지 않은 감정을 가라앉히기도 한다.

거실 창문을 여니 유리에 와 닿아 있던 팽팽한 공기가 안으로 밀려든다. 날씨는 맑고 차다. 해는 주홍빛이 많이 가셔서 더 투명하게 보인다. 어린아이의 그림에서처럼 사방으로 빛살을 쏘아대고 있다.

어린이 대공원 뒷산이 바로 눈앞에 와 있는 것 같다. 물론 시선이 산에 닿기 전에 노랗고 파란 물탱크들이나 안테나, 철탑 같은 구조물들을 만나지만 그것도 괜찮다. 둥글거나 각이 지거나 화사하거나 칙칙하거나 다 어우러져서 세상이 이루어지는 것이니까. 함께 존재하여서 모두가 좋아진다는 생각을 해본다.

어제는 예닐곱 살 또래의 두 꼬마가 롤러스케이트를 타고 내 앞을 몇 번이나 왔다 갔다 하였다. 주르륵 미끄러져 오고 가는 아이들의 활기찬 생명력이 한동안 나를 기운 나게 하였다. 오늘도 일 사이사이에 세상 내다보는 즐거움을 마다하지 않으리라.

(1999)

그는 거기에 있지 않았다

황제는 거기에 없었다. 아니 황제의 영혼은 거기에 머물러 있지 않았다. 비가 추적추적 내리는 일요일 오후 3시, '진시황전'이 열리고 있는 문화예술회관을 찾았다. 그가 위대한 인물이었다는 생각을 해 본 적은 없지만 그의 유물을 전시해 놓았다면 한번 가 볼만하다는 생각에서였다.

병마용갱兵馬俑坑은 진시황릉의 부장갱副葬坑이다. 그 규모에서 우선 탄성을 지를 만했다. 통일 진秦의 시조인 황제, 그러나 그도 길지 않은 한 생애를 살다 갈 수밖에 없었던 한 사람일진대 이 병마용갱은 무엇이란 말인가. 1974년 곡괭이질을 하던 농부에게 우연히 발견되기까지 이 부장갱은 먼지바람만 일던 허허벌판에서 잊혀진 채 묻혀 있었다.

수천 점의 도용陶俑, 도마陶馬, 수만 점의 청동 무기, 그리고 전차들이 마치 처음 묻힐 때의 그날처럼 살아 숨쉬는 것 같았다. 실물 크기의 수많은 병사들은 표정과 자세가 모두 달랐으며 계급이나 신분 또한 다양하였다. 일천 명에 가까운 예인들이 함께 빚어냈다는 부장물들의 다채로움에 경탄하지 않을 수 없었다. 중국인들 스스로 세계의 여덟 번째 불가사의라고 자랑할 만했다.

고대 중국인들은 죽음은 단지 생활 방식의 전환이라는 전통적 생사관을 가지고 있었다. 그래서 사후 생활을 위하여 생전에 소유했던 모든 것들을 부장하였다. 그러므로 부장갱의 도용, 도마들은 방어군의 임무를 띠고 있다는 것이다.

2,300여 년 전부터 오늘에 이르기까지 병마용갱의 모든 부장물들은 황제의 영혼을 지키고 있었다. 그러나 황제의 영혼은 거기에 존재하지 않는다. 죽어서 묻힌 그와는 관계없이 역사의 흥망성쇠가 진행되는 동안 그의 육신은 이미 흙으로 회귀하였다. 그렇다면 거기에는 무엇이 남았는가. 황제의 영혼이 떠돌고 있는가. 그래서 지금도 호령하고 있는가. 저 병사들과 병마들은 단 한번도 편히 쉬지 못한 채 그때 그대로의 자세로 버티고 있다. 무엇 때문에?

중국 천하를 통일하였을 뿐 아니라 도량형과 문자, 화폐를 통일한 커다란 족적을 남긴 황제, 만리장성과 아방궁을 축조하고 분서갱유 등의 무리한 개혁을 단행하였던 강인한 이 군주는 즉위 원년부터 황릉을 짓기 시작하였다고 한다. 불로장생을 갈구했던 황제도 젊은 나이에 황릉을 짓기 시작했던 것으로 보아 죽음은 필연이라는 사실에 동의하였던 모양이다. 소크라테스는 '죽음은 이곳으로부터 다른 곳으로의 이주'라고 말하며 독배를 마셨다. 황제도 정말 그렇게 생각했던 것일까.

죽음이란 물론 영육 합일에서 영육 분리로의 전환일 터이다. 하지만 그것이 곧 지상에서 지하로의 이주는 아닌 것이다. 무덤은 한 사람이 이 세상을 살다간 흔적이다. 제왕과 범부의 무덤은 그 면모가 다르겠지만 사후에 그 속에서 흙이 되는 것은 다르지 않다. 더구나 영혼의 문제는 무덤의 화려함이나 초라함과는 별개의 것일 게다. 고단한 삶을 마쳤으니 편안히 흙으로 돌아가소서 하는, 산 자들의 소망이 담긴 것이 유택이리라. 죽어서 누운 곳이 한 평 남짓이든 광야를 온통 차지했든 그것에 무슨 의미가 있다는 것일까. 그렇다고 병마용갱의 역사적, 고고학적, 예술적 가치를 부정하려는 것은 아니다. 다만 삶과 죽음의 문제를 볼 때 어디서 그 뜻을 찾을 수 있을까 하는 의문이 생길 따름이다.

전시장을 나오면서 나는 허전함을 털어버릴 수가 없었다. 그 엄청난 규모의 부장갱은 장본인인 시황제에게도, 아득한 훗날의 나에게도 아무런 위안이 되는 것 같지가 않았다. 침묵하고 있는 도용과 도마들 사이에 가득 서려 있는 것은 허무였다.

누가 죽음에 대해서 초연할 수 있을까. 황제도 바찬가지였으리라. 그가 자신이 사후에 거처할 지하 궁전을 지었던 까닭은 삶의 방식의 전환을 생각했다기보다 어쩌면 죽음을 도저히 수용할 수 없어서가 아니었을까. 무덤의 위용은 오히려 인간의 왜소함과 무상을 감추기 위한 허세가 아닐까.

죽음이란 무엇일까, 그에게 혹은 나에게 그리고 모두에게. 생각하고 느끼고 기억하는 모든 것들의 끝맺음, 먹고 마시고 잠에서 깨어나는 일들의 정지, 다시는 아무 것에도 관련되지 않는 영원한 이탈, 그밖에 많은 다른 의미로도 정의될 수 있으리라. 그러한 죽음을 웃는 얼굴로 맞기란 결코 쉬운 일이 아니다. 게다가 죽음에 이르는 과정은 또 어떤가. 도대체 고통이 따르지 않는 죽음이 있을 수 있을까. 살아온 동안의 온갖 우여곡절과 질곡에도 불구하고 또다시 단말마의 고통 속에 내동댕이쳐질 것이다. 경험하지 못한 미지의 세계로 건너가는 일에 공포를 느낀다. 할 수만 있다면 피하고 싶다.

두려움에 떨었던 한 인간, 시황제에 연민을 느끼지 않을 수 없다. 죽음은 아마도 완전한 자유일 텐데 세월이 흘러도 망각될 자유조차 누리지 못하는 그가 안쓰럽다. 그의 영혼이 머물지 못한 텅 빈 집을 보면서 역사에 아무런 행적도 남기지 못할 내가 감히 그를 안됐다 여긴다. (나는 그보다 몇 배나 더 죽음을 두려워하고 있다. 죽음이 언제 올지 모르고, 또 반드시 오고야 만다는 걸 생각하면 전율이 인다.)

나는 내세가 있다고 믿고 있다. 육신을 벗은 영혼은 불멸하는 새 삶으로 들어간다고 생각하고 있다. 황제의 영혼도 생전의 궤적에 맞는 새 삶을 살고 있다고 생각된다. 그의 영혼이 어쨌든 살아 있다는 데 생각이 미치자 허무한 마음이 조금은 사그라진다.

어깨까지 내려온 듯한 잿빛 하늘과 굵은 빗줄기의 구중중함 속으로 나는 한층 더 조그마해져서 걷고 있었다.

(1995)

2부

길 1

산을 오른다. 숨이 차다. 호흡을 조절해가면서 천천히 한 걸음씩 내디딘다. 각도가 45도쯤이나 될까, 경사가 심한 편이다.

산기슭에서 저 높은 곳 어느 지점을 대각선으로 연결해 놓고 근경을 알맞게 넣어서 앵글을 맞추어 본다. 대각선 위에서 위쪽을 향하여 천천히 걷고 있는 나는 그야말로 풍경화 속의 인물이 된다. 그런 그림을 머리 속으로 그려보니 기분이 좋다. 나는 늘 풍경 속으로 들어가고 싶었다. 어떤 기막히게 좋은 풍경을 보거나 또는 더할 나위 없이 고즈넉한 풍경을 만나면 그 속에 자취도 없이 스며들고 싶었다. 풍경은 참 좋다. 산천초목과 살아 움직이는 뭇 생명들, 하늘과 땅을 아우르는 대자연은 참으로 경이롭다.

풍경 속으로 걸어 들어가서 자취 없어지고 싶은 마음은 어설픈 감상도 아니고, 언감생심 무위자연의 경지를 넘보는 것은 더욱 아니다. 다만 피로한 몸과 지친 마음을 아무도 모르는 깊숙한 곳에 부려놓고 싶을 뿐이다. 말하자면 현실 도피의 못된 심리가 숨어 있는 것이다.

일행을 한참이나 뒤처져서 걷는다. 굴참나무 군락이다. 길섶에 굴참나무의 마른 잎들이 푹신하게 깔려 있다. 좁은 등산로에는 땅 위를 비집고 나온 나무뿌리들이 이리저리 뻗쳐서 자연스레 계단을 만들어 놓고 있다. 원뿌리는 땅 속에서, 곁뿌리들은 땅 위에서 넘어지지 않게 산을 끌어안고 있다. 나무의 삶도 어지간히 완강하고 질기다. 어디에서 어떻게 살아가든 생명의 한살이란 만만치가 않다.

길은 구불구불 이어져 있다. '우리 어머니 이불 꿰매다 검은 머리에 얹어둔 실밥 같은 외길' 이란 김용택의 시구가 떠오른다. 그 '실밥 같은 외길'을 걷고 있으니 또 하나 생각나는 것이 있다. 길, 언젠가 텔레비전에서 보았던 벽안의 젊은 수도승이 걷던 만행卍行.萬行의 길이 그것이다.

그의 화두는 '나는 누구인가'였다. 그는 자신을 찾아서 끝없이 이어진 길을 걷고 또 걷는다. 산길을 걷고 토굴에도 앉았다가, 시골 장에서 주름진 얼굴의 어르신과 서툰 우리말로 더듬더듬 이야기도 하였다. 서양의 가톨릭 집안에서 동양의 낯선 나라로 훌쩍 넘어와서 수도승이 된 그의 마음은 가늠하기가 어렵다. 하지만 특별한 길을 걷고 있는 그가 참 부럽다는 생각을 하였다. 눈이 파란 그 수도승은 말했다. 길을 걸으면 자연을 만나고, 존재와 삶에 대한 모든 해답을 자연에서 찾게 된다. 그래서 끝없이 길을 걷는다고. 푸르스름한 새벽녘, 아득한 원경 속 대각선 위에서 한 개의 점이 되어 있는 그의 모습을 텔레비전 화면은 오래 비추어 주었다. 앞으로 그가 걷게 될 멀고 먼 길을 미리 보여 주듯이.

산을 오르다가 그가 생각난 건 그의 만행이 내게 매우 인상 깊게 남아 있기도 했거니와, 지금 나를 담고 있는 풍경이 구도로는 그날의 화면과 많이 닮았기 때문이다. 부러운 건 부러운 것으로 그만이다. 어떤 사람이 걷는 특별한 길을 나는 걸을 수가 없다. 사람마다 다 걷는 길이 다르다. 세상에는 많은 사람들이 있고 사람 숫자보다 더 많을 듯도 싶을 만큼의 길들이 있다. 나는 그 중의 한 길을 들어섰고 이미 반 이상 걸어왔다. 다른 길로 뛰어넘어 갈 힘도 없고 그럴 수 있는 시기도 아니다.

뒤돌아보면 내가 걸은 길도 넓었던가 하면 좁았고, 가파른 오르막길이었다가 느닷없이 내리막길이 되기도 했다. 만행이 따로 없다는 생각도 든다. 다만 '나는 누구이며 무엇을 하는 사람인가' 라는 깊이 있는 명제가 함께 하지 않았다는 것이 그 수도승과 나의 차이다.

나는 누구의 길도 아닌 나의 길을 묵묵히 걷는다. 저만큼 앞서가는 일행의 뒤를 열심히 따라 걷고 있지만 실은 전혀 다른 길을 걷고 있는 것이다. 무수한 타인들과 나, 그들과 나,

그대와 나는 각자의 길을 제대로 걸어서 그 어딘가 길이 끝나는 곳까지 가면 그만이다. 더러는 옆길을 넘보기도 하겠지만 그 길이라고 비단이 깔려 있겠는가, 내내 훈풍만 불겠는가.

산에 이르기 전 자동차 안에서 내다보았던 바깥 풍경들이 하나씩 떠오른다. '당도 높은 안동 사과'란 말과 함께 잘 익은 사과가 크게 그려진 광고판을 보았다. '가을 풀빛 식당' 이란, 시인이 이름을 붙인 듯한 기다란 간판도 만났다. '눈비 올 때 미끄럼 주의'란 표지판을 지났고, 부스럼 난 아이의 머리처럼 산허리를 오려내고 앉아 있는 무덤도 보았다.

길 양옆에서 잠시도 쉬지 않고 풍경들이 눈 속으로 들어왔다. 모든 것이 다 삶으로 말미암아 생겨난 것이 아닌가. 집에서 밖으로 나왔다고 해서 한 순간도 삶의 의미들을 떠날 수 없는 까닭이 여기에 있다. 길은 여기저기에 있고 산길 들길 아스팔트길을 다 걷지만 실은 오직 '삶'이란 하나의 길을 걷고 있을 따름이다.

어느 사이에 가파른 길이 끝났는가. 퇴락한 암자에 닿았다. 겨울 햇살이 엷게 깔린 툇마루에 앉아본다. 댓돌에 방한화 한 켤레와 흰 고무신 한 켤레가 정갈하게 놓여 있다. 선방에서 수행 중일 어느 낯모를 수도승의 구도의 길을 그려보고 있는 동안 산사 어디선가에서 독경 소리가 들려온다.

"부처님도 옛날에는 우리 같은 중생이라……."

아득한 해탈의 세계로 가는 길도 우리 같은 중생의 발걸음으로 시작되었다고 생각하니 가슴이 따뜻해진다.

내려다보니 숲만 빼곡할 뿐 길은 잘 보이지 않는다. 살다보면 더러 길이 보이지 않을 때가 있다. 하지만 길은 어딘가를 향해서 뻗어 있다. 한 걸음 한 걸음 내디디면 끝없이 이어지는 것이 길이다. 지금 나는 그 길 위에 있다.

(1998)

길 2

서재에 앉아 윗목에 놓인 그림 한 점을 하염없이 바라보고 있다. 안개 속인지 눈이 내리고 있는지 분간이 잘 안 되는 희뿌연 풍경이다. 숲 가운데로 좁은 길이 나 있다. 그 길 끝에 있는 나지막한 절을 향해 큰스님과 동자승이 걸어가고 있다. 원경이어서 무척 조그마하지만 뒷모습이 인상적이다.

한나절을 서재에 앉아 있다. 몹시도 혼란스럽다. 내가 하고 있는 일의 제도적 장치가 곧 바뀌게 된다. 제도가 바뀌게 되면 논란이 일어나게 마련이다. 논란이야 어찌되었든 새 제도에 적응하여야 한다. 참으로 힘든 일이다. 살면서 맞닥뜨리게 되는 새로운 일들에 대해서 언제나 두려움을 느낀다. 게다가 새 제도에 참여하기 위해서 당장 해야 할 일이 너무 많고 또 어렵다. 가슴이 답답하고 머릿속이 온통 실타래가 엉킨 듯하다.

조용히 있고 싶을 때 나는 서재를 찾는다. 조금 전에도 그냥 푹 파묻혀 있고 싶어서 이 방을 찾았다. 책장에 기대앉아서 머리칼을 쓸어 올리며 고개를 드니 그림이 눈에 들어온 것이다. 동자승은 어떤 인연으로 저 좁은 길 위에 서 있는 것일까. 동자승과 큰스님 사이에 놓여 있을 보이지 않는 길을 생각해 본다. 그 길이 얼마나 멀고 험할는지, 언제쯤 큰스님이 서 있는 곳에 이를 수 있을는지를 저 천진무구한 아기 스님은 아직 생각해보지 않았으리라. 큰스님이 털어 버리고 온 속진의 두께를 짐작할 수도 없으리라. 가슴이 아려온다.

오래 전 일이다. 대학을 갓 졸업한 나는 간단한 짐을 꾸려서 N암을 찾았다. 졸업과 취직 사이에는 두 달 정도의 시간이 있었다. 어디에선가 좀 쉬고 싶었다. 국가고시를 치르기도 했지만 대학시절을 자취와 기숙사 생활로 보낸 까닭에 나는 어느 정도 지쳐 있었다. 문득 N암이 떠올랐다. 친구들과의 산행 때 그 암자에서 잠깐 쉬었던 적이 있었다. 적요한 승방, 댓돌 위에 놓인 하얀 고무신, 그리고 산바람……. 가슴이 마구 뛰었다. 조그마한 여학생이 혼자 타박타박 걸어와서 두어 달 쉬어가기를 청하니 스님은 단번에 거절하였다. 혼자 오는 여성은 대개 사고를 내고 만다는 것이 이유였다. 스님은 내가 실연이라도 한 게 아닐까 생각하셨던 모양이다. 사정사정하여 N암에서 평생 잊지 못할 한때를 보냈다.

어느 날 새벽 옆방 노스님의 숨이 넘어갈 듯한 기침 소리에 잠이 깨었다. 방문을 열었다. 함박눈이 내리고 있었다. 밤새 얼마나 내렸는지 이미 하얀 신천지가 되어 있었다. 순백, 그것은 절대의 깨끗함이었다. 때를 묻혀서는 안 되겠다는 생각이 들었지만 젊은이다운 감상이 나를 마당에 내려서게 하였다. 보랏빛 새벽에 함박눈을 맞으며 법당으로 걸어갔다.

새벽예불 시간이었던 모양이다. 비구니 스님들, 오체투지를 거듭하는 스님들을 바라보고 있는데 형언할 수 없는 감동이 가슴을 채웠다. 예불이 끝나고 정주 스님이 범종 앞에 앉아 새벽 종성을 시작했다. 내 또래의 정주 스님, 그는 무엇을 구하기 위해 산문에 들어와서 차가운 새벽에 종을 치면서 저토록 고운 음성으로 독경을 할까. 고독한 수행자의 길, 그 어귀에 그는 서 있는 것이다. 뼈를 깎고 살을 저미는 수행 끝에 번뇌를 씻어내게 되리라. 무수한 물음 끝에 마침내 깨달음에 이를 수 있으리라. 그 새벽, 정주스님의 '파르라니' 깎은 머리를 바라보면서 그런 생각들을 했었다. 20여 년의 세월이 흘렀다. 그는 지금 어떤 모습일까. 갈증으로부터, 욕망으로부터, 꿈으로부터, 기쁨과 슬픔으로부터 편안해져 있을까. 그보다 더 어려운 길이 있을 것 같지 않다.

젊어서 한때, 수도자의 길을 걷고자 했다. 수도원에 들어가지 않고도 수도생활을 하는 형태인 어떤 신심단체에 입회해서 2년 남짓 살았었다. 신앙이 얕고 의지가 약한 탓으로 실패하고 말았다. 그 역시 견줄 데 없이 어려운 길이었다. 하여 많은 사람들이 선택하는 넓은 길을 다시 찾아서 여기까지 별 어려움 없이 걸어왔다. 그랬음에도 이제 그 길이 울퉁불퉁하고 가파르다고 주저앉고 싶어 한다.

특별한 길을 택한 사람은 고통을 초월할 수는 있지만 그런 경지에 이르기까지가 지극히 어렵고, 또 다른 많은 사람들은 너무나 평범하기 때문에 작은 고통도 크게 느낀다. 그 누구의 길도 평탄하지만은 않다는 생각이다. 모두가 다 고단한 나그네일 뿐이다. 길은 때로 나그네의 발 앞에서 툭 끊어지기도 한다. 그러나 마음을 가다듬고 보면 어느새 길은 이어져 있다. 그저 묵묵히 걷는 것이다. 힘껏 사는 것이다.

오늘, 몸과 마음을 가눌 길 없어 이 방에서 잠깐 쉬려고 했는데 생각보다 시간이 많이 흘렀다. 해야 할 일들이 조금도 줄어들지 않았는데도 한 짐 벗은 기분이다. 풍경화 속에 난 좁은 길이 내 마음속에도 한 가닥 길을 열어 주었다.

(2000)

그대를 위한 헌사

그대와 마주하고 있으니 문득 얼마 전에 경주로 가는 국도에서 본 까치 생각이 난다. 빈 나뭇가지에 앉아서 제 집을 바라보는 까치를 한참 쳐다보았었지. 겨울햇살에 씻긴 듯 하얀 가지에 긴 꽁지를 늘어뜨린 채 제 집을 향해 미동도 없이 앉아 있는 까치의 모습은 매우 인상적이었어. 집밖에 나와서 집을 바라보던 그 까치처럼 나 오늘 그대 밖에 서서 그대를 바라보려한다. 그렇다고는 하나 그대와 내가 둘이 아니니, 결국은 독백이 되고 말 테지.

깊은 밤 적연한 시간, 세상 다른 모든 정황들과 따로 놓여 있는 그대는 초췌하고 외로워 보이네. 그건 그대의 본성 때문이기도 하고 나이 탓이기도 한 것이야. 그대는 이제 초로에 접어들었다. 흔히 갱년기라고들 하지. 미래보다는 과거가 길고, 되돌아보면 긍지보다 회한이 많고….

그대는 늘 어디 깊숙한 곳 또는 고요한 시간 속으로 숨어들고 싶어 하였는데, 최근에는 그 마음이 더욱 절실해졌지. 그러한 심경은 도피열망으로 가볍게 치부될 수도 있지만 아마 그런 건 아닐 게야. 이 글을 쓰는 내가 누구인가, 바로 그대 아닌가. 하여 나는 그대의 편에 서서 그대를 전폭적으로 지지하며 위로하고 싶다네.

그대는 이즈음 몹시 혼란스러워 하고 있다. 살아온 시간의 의미는 무엇이며 어떤 가치를 부여잡고 있었나 하는, 진부하나 또한 진지한 물음에 직면해 있다. 이런 경우 대개 물음만 있고 여간해서 명료한 답을 찾을 수는 없지. 여기에 그대의 고뇌가 있다는 걸 알고 있다. 어떻게든 정돈을 해서 내면의 소란스러움을 잠재우고 싶겠지만 초조해하지는 않았으면 해. 본시 그대는 생각이 너무 많아서 스스로를 힘들게 하면서 살아왔어. 깊은 사유보다는 얕은 회의에 빠져서 조그만 걸림돌에도 넘어져서 얼른 일어나지 못하였지.

이태 전에 그대는 수필 〈오래된 마을에서〉에서 오래전에 살았던 다소곳하고 살림 손끝 야문 아낙네가 되고 싶다고 하였다. 이 시대에 '다소곳이' 라니, 페미니즘 운운하는 이도 있었지. 여기에서 그대가 생각한 아낙네는 세상 때가 묻지 않은 무구한 여인이란 걸 나는 알고 있다. 그렇지. 그대는 아주 오래 전에 순진무구한 아이에게서 걸어 나왔고, 굽은 길 휘어진 길을 걸어오면서 남루해졌다고 생각하고 있으니까.

남루를 입기 전으로 돌아가자면 아득히 거슬러 올라가야겠지. 어느 시점으로? 혹은 어디로? 그리고 어떻게? 다시는 아이의 영혼이나 심성이 될 수 없고, 순박한 여인으로 살아볼 수도 없다. 그게 현실이야. 그래서 그대는 불행한가. 아닐 게야.

거슬러 올라가고 싶다? 아득히 거슬러 올라가서 옛 여인이 되고 싶다는 열망의 진실은 어쩌면 과거로의 회귀가 아니라 종교적 회개일지도 모른다는 생각이 들지 않나. 그대 살아온 궤적, 오류가 적잖았으니 회한이 없을 수 있겠는가. 하지만 현실적으로 그대가 무엇을 할 수 있는가. 그대가 지나온 발자국들은 이미 그대의 것이 되어버렸으니 지울 수도, 부정할 수도 없지 않을까. 나는 이 글이 고백록이나 참회록이 되는 걸 경계한다. 그러니 이쯤 해 두겠네.

이제 그대와 좀 더 내밀한 얘기를 나누고 싶다. 〈술 취한 노파〉란 작자미상의 고대 조각품을 어떤 화보에서 보았을 때, 그대가 받은 감동을 기억한다. 술병을 끌어안고 있는 노파의 모습은 추하기 짝이 없었지. 현실에서 그런 몰골을 보았다면 틀림없이 그대는 비켜섰거나 얼굴을 찌푸렸을 거야. 작품에는 그러나 '주정뱅이 노파에게 포함된 시간의 의미, 추함에서 아름다움의 기억을 들추어낸다.' 는 설명이 붙어 있었다. 그대의 심안은 얕고 흐릿해서 그 문장을 읽지 않았다면 별다른 감흥 없이 책장을 넘겼을 것이야.

자, 이제 핵심에 이른 것 같네. 노파에게 축적된 시간의 의미를 천착하고, 추함에서 아름다움을 찾아내는 것은 인간에 대한 연민, 긍휼히 여기는 마음을 가져야만 가능한 일일 게야. 연민이라, 연민이란 게 꼭 타자만을 향하는 정서는 아닐 게야. 자기연민은 어떤가.

그대에게 쌓인 세월에서 아름다움을 찾아내게나. 그대에게 있었던 무구한 아이, 순결한 처녀, 젊고 착한 여인, 건강한 노역, 그런 것들이 그대의 비루함을 어느 정도는 상쇄해주지 않을까. 그걸 수긍할 수 있다면, 나아가 그대 자신에게 조금 더 너그러워질 수 있다면 훨씬 편안해질 게야. 편안해진다, 생각만 해도 눈물겹지 않은가.

평화가 함께 하기를 빌며 이 글을 그대에게 바친다.

(2007년 2월, 깊은 밤에)

각북 가는 길

미술관 마당이다. 각북 가는 길 초입에 있는 미술관은 마당이 운치가 있어서 꼭 쉬었다 간다. 마당에는 오래된 왕벚나무가 여러 그루 서 있는데 봄이 오면 꽃이 만개해서 하늘을 뒤덮기에 바라보는 이를 황홀경에 빠지게 한다.

마당에는 웃음소리가 깔깔깔 굴러다닌다. 갈래머리를 한 소녀가 인라인스케이트를 위태롭게 타면서 까르륵 웃어제낀다. 아이의 젊은 엄마는 뭐라고 거들며 박수를 치고 아빠는 그 모습을 사진기에 담느라고 이리저리 앵글을 맞추고 있다. 한 가족이 만들어 내는 소리가 예쁘다. 봄은 아직도 왕벚나무 실가지에 조롱조롱 꽃눈으로 망울져 있는데 어린 소녀는 하얀 블라우스와 어깨 끈이 있는 푸른 치마를 입고 봄을 부른다.

조형물 사이를 빠르게 지나다니는 소녀를 바라보다가 전시

실로 들어간다. 지난 연말 송년전시회 때 감상했던 그림들이 아직 걸려 있다. 정물화 몇 점, 풍경화 몇 점, 가라앉은 분위기다. 그림을 감상하기엔 모두들 너무 강퍅한 현실이고 메마른 가슴인가 보다.

다시 길을 나선다. 길섶엔 개나리가 피었고 드문드문 진달래도 보인다. 언제나 그렇듯이 작은 폭포가 있는 곳에서 걸음을 멈춘다. 물은 흘러내리고 있으나 물소리가 나지 않을 만큼 물줄기가 가늘다. 오래 가물었다.

각북 가는 길, 도시를 벗어나면서 좁아지는 길에 '옛날 손찐빵' 가게가 줄을 서 있다. 다섯 개에 이천 원하는 찐빵을 사고, 헐티재에서 한 잔에 칠백 원하는 커피를 마시고, 각북의 어느 작은 집 마루에서 찹쌀수제비를 먹는 것이 이 길에서 내가 누리는 호사다. 그것은 그러나 겉으로 보이는 호사일 뿐 정작 내 마음이 얻어가는 평화에는 비할 바가 못 된다.

열 번을 가도 또 오라고 손짓하는 곳이 각북이다. 각북, 언젠가 어떤 문예지 편집자가 내 원고에 지명으로 등장한 '각북'이 혹시 '강북'이 아니냐고 확인 전화를 했었던 그 각북이다. 대구에서 경북 청도로 가는 길에 있는 각북면에는 작고 아름다운 마을이 있는데 나는 그 어디쯤을 그냥 각북이라 부른다.

봄이고 겨울이고 때 없이 각북엘 간다. 휴일 한나절이면 넉넉히 다녀올 수 있는 곳이어서 자주 찾다보니 오가는 길에 만났던 꽃 한 송이 나무 한 그루가 다 유정하여서 애잔하기도 하고 정겹기도 하다.

청정미나리 가게가 길가에 즐비하고, 용천사 앞 빈터에 농산물 좌판이 쫙 깔려 있는 이 길에도 만만찮은 삶의 현장이 이어지는데 일상을 벗어났다고 나는 가벼운 마음이 된다. 가벼운 마음이 될 수 있으니 어찌 길을 나서지 않으랴. 마음이란 게 나에게는 대체로 무겁다. 어느 때는 너무 무거워서 흔한 말로 납덩이다. 생각해보면 마음만큼 마음대로 되지 않는 것도 없을 성싶다. 온갖 게 다 근심거리인 성격 탓이고 조그만 상처도 자꾸 들여다보아서 덧나게 하는 소심함 때문이기도 하다.

마음이 시끄러우면, 이철수 판화산문집에서 읽은 '거기와 여기가 다를 것이 없습니다. 매인 데 없는 마음에 집을 짓습니다.'를 화두인 양 뇌고 또 뇐다. 어제 아침과 오늘 아침이 그리 다르지 않고 거기와 여기가 다를 것이 없는 마음, 그 마음을 나는 언제쯤 얻을 수 있을까.

각북에 가자면 헐티재를 넘어야 한다. S코스를 한참 오르면 언덕배기에 천막을 친 간이음식점이 있다. 자동차들은 대개 거기서 멈추고 호흡을 가다듬는다. 헐티재의 바람은 아직 차다. 뜨거운 커피가 그래서 한결 맛있다. 커피를 마시며 산 아래 동네를 내려다보노라면 내 언제 삶에 찌들어 있었던가 싶어진다. 둘러보니 여기저기 까치집이 보인다. 여름에 나무가 우거지면 보이지 않다가 늦은 가을부터 겨울엔 산바람 속에 그 모습을 드러내는 까치집은 볼 때마다 반갑다. 지난여름 태풍을 견뎌내었구나. 한겨울 삭풍에도 건재했구나. 그렇게 입속말을 하며 한참이나 바라보게 한다. 까치에게도 생존은 절절한 현실일 터, 구겨지고 얼룩지고 젖은 마음이 왜 없었을까.

거기와 여기가 다를 것 없다는 말이 가감 없이 그대로 다가온다. 다만 헐티재의 까치는 그리고 세상의 모든 새는 마음을 부질없는 일에 붙들어 매어서 소란스럽게 하거나 무겁게 할 만큼 어리석지 않으리라는 생각이다. 이렇듯 드높은 곳에, 바람이 자유롭게 불어오는 저 나무에 작은 집 한 채 지어서 매인 데 없이 사는 것을 보면.

소란스러운 마음을 바람에 헹구어내고 헐티재를 넘는다. 마침내 각북에 와서 복숭아 과수원길 사이를 천천히 걷노라면 형언할 수 없을 만큼 신비한 평화가 마음에 깃든다. 이 마음 그대로 가져가야지. 거기와 여기가 다르지 않은데 여기 마음과 거기 마음이 다를 까닭이 무엇이랴. 하지만 두어 달쯤 후에 나는 또 이 길을 지나게 될 것이다. 내 마음은 자주 헌 옷감처럼 얼룩이지거나 구겨지기 때문에.

(2005)

생각하는 즐거움

참나무 숲 속에 앉아서 생각에 잠긴다. 햇살은 아직 나뭇가지에 내려앉지 않았는데, 매미는 벌써 목청을 돋운다. 까치 두 마리가 머리 위 어디에선가 포르르 날더니 과학고등학교 옥상의 안테나에 앉는다. 새들도 가끔은 제자리가 아닌 곳에 가는구나. 제 삶의 중심에서 멀찌감치 빠져나와 딴에는 지난날들을 진지하게 되짚어 보는 것인지….

매미소리 새소리가 들리고, 가까운 곳에 있는 등산로를 오르내리는 사람들이 무심히 나누는 일상의 대화들도 들린다. 바람이 푸른 잎새들을 살짝 건드리고 지나간다. 이파리들이 아래위로 가볍게 흔들리는 모양이 잔주름 지는 수면을 바라볼 때의 느낌을 준다. 고요하지만 적막하지 않아서 좋다. 적막에는 일종의 슬픔이 배어 있기에 이른 아침의 정서로는 맞지 않기 때문이다.

키 큰 참나무 아래에 놓인 납작한 돌 위에 앉아서 생각하는 즐거움에 젖어 있다. 내 삶을 휘어잡고 있는 문제들을 놓고 골똘한 상념에 빠져 있는 것이다. 결코 간단치 않은 현재와 불확실한 미래를 생각하고 이미 완결된 과거사를 부질없이 되뇌기도 한다. 그러노라면 나의 내부와 나를 에워싼 것들의 관계에서 비롯되는 화음과 파열음이 들리기도 한다. 이렇듯 사색하기를 좋아함에도 내가 별로 더 나은 인간이 되지 못하는 걸 보면, 사유의 격이 겨우 자질구레한 잡념이나 뿌리 없는 몽상에 머물고 있는 것이란 생각이 든다.

아무튼 생각을 하고 있으면 편안해진다. 내가 나에게서 멀찍이 걸어 나와서 나를 바라본다. 새가 숲에서 나와 숲을 바라보듯이 나에게서 나온 내가 나를 바라보면서 생각에 잠긴다. 내가 반추해보는 삶이 도저히 귀가 맞지 않을 때는 깊은 고뇌에 빠지기도 하고 때로는 이성적이지 못한 행함에서 얻어진 결과를 보고 쓴웃음을 짓기도 한다.

생각은 언제나 꼬리를 물고 일어난다. 아무리 멍청한 상태에 있다할지라도 그 순간에는 뭔가를 의식하고 있는 성 싶다. 무의식, 잠재의식조차도 어쩌면 생각의 다른 형태가 아닐까. 그러므로 살아 있는 동안에는 끊임없이 생각하고 있는 것이 된다. 순간순간 보고 듣는 것에서 생각이 파생되고 생각한 다음에 말하고 행하는 것이 이루어진다. 도무지 생각 그 자체에서 벗어날 수가 없어서 더러는 넋이 나간 듯이, 혹은 백치처럼 빈 뇌리로 살고 싶을 때도 없지는 않다. 하지만 역시 생각하는 것은 즐겁다. 생각이 머리 속을 온통 들쑤셔 놓는다 해도 그것은 살아있음을 뜻하기 때문이다.

아침 햇살이 나뭇잎들을 뚫고 내려와서 눈앞의 빈 터에 어룽진다. 아침 산책을 시작하면서 나는 생각하기에 좋은 시간과 공간을 가지게 되었다. 대공원 뒷산의 등산로에 들어서면 약간 경사가 진 빈터가 있고, 그 주위에 무성한 참나무들이 빙 둘러서서 커다란 반구半球 모양의 공간을 만들어 놓고 있다. 그 가운데에 납작한 돌이 하나 놓여 있다. 시조창을 하시는 어떤 할머니의 자리이다.

그분의 단아한 모습이 보기에 좋고 창을 듣는 것이 덤의 행운인 것 같아서 방해되지 않을 만큼의 거리를 두고 서 있다가, 저 아래 들깨 밭 사이로 난 오솔길을 걸어가시는 할머니의 뒷모습이 점점 작아지면 내가 몰래 앉곤 한다. 돌 위에 앉아서 생각한다. 그 할머니의 삶은 어떠했을까. 무엇을 가장 귀하게 여기고 어떤 것을 추구하며 살았을까. 무엇 때문에 통곡하였으며 어떤 것을 부둥켜안고 기쁨에 떨었을까. 얼마나 사랑하고 또 얼마나 미워하며 세월을 보냈을까. 그런 생각을 하다가 혼자 웃는다. 지금쯤 할머니는 그토록 몸부림치던 일들이 대개는 부질없다는 것을 깨달으셨으리라. 그래서 세월 따라 주름지는 법을 터득하셨으리라 여겨진다.

고개를 들어서 위를 쳐다본다. 나무들이 허공에서 서로 팔을 걸치고 있다. 그 틈으로 푸른 비단 같은 하늘이 보인다. 아침잠을 줄이고 얻은 시간과 공간이다. 한 시간 정도의 시간과 넓다고 할 수 없는 이 공간이 무한대의 길이와 넓이로 느껴진다. 상대적으로 나는 한없이 조그마해진다. 맑게 갠 이성으로 피사체를 보듯이 내가 살펴 본 나는 한갓 작은 생명체일 뿐이다. 겸손이나 비하도 아니고 허무하거나 초라하다는 생각이 들지도 않는다. 참으로 편안한 느낌이다. 온갖 것에다 마음이 붙잡혀 있는 자신의 모습이 스스로의 눈에 들어와도 여기서는 관대해질 수가 있다.

새소리를 들으면서, 숲 속에 일렁이는 바람을 느끼면서, 황혼이 아름다운 할머니를 보면서, 그리고 참나무에 깊게 패인 옹이를 뚫어지게 응시하면서 떠오르는 대로 생각해 보는 이 시간 이 공간이 무척 고맙다.

건너편 아카시아 숲 너머로 '썸싱스페셜' 옥상 광고탑이 보인다. 도시의 한복판임을 깨우쳐 준다. 생각하는 즐거움을 누렸으니 내려가야지. 좋은 하루가 될 것이란 예감이 든다.

(1993)

봄꽃 다 지겠네

'그대 기다리라/봄꽃 다 지겠네' C의 시구다. 개나리, 진달래, 복사꽃, 살구꽃, 세상이 온통 봄꽃 천지일 때 '그대'와 함께 봄산에 갈 수 있다면 사는 일이 얼마나 아름다울까. 창밖에 금빛 햇살이 내리는 이런 봄날에는 무슨 이유로든 집에 틀어박혀 있을 일이 아니다. 아무런 준비 없이 가볍게 대문을 나서고 싶다. 가까운 정류소에서 좌석버스를 타고 팔공산이나 앞산을 가보고 싶다. 오, 그러나 어쩌랴! 나는 지금 여기에 있어야 하니.

그리운 이는 만나지 않고 그리워하면서 견디는 것이 더 나을지도 모른다. 두견새 울음이 산비탈에 지천으로 떨어져 있을 산은 거기에 그대로 두고, 가고 싶어 하는 마음만 가지는 것이 어쩌면 더 봄답지 않을까. 가고 싶어서 애를 태우는 동안 진달래 꽃빛은 점점 더 붉어지겠지. 망울망울 터지는 봄꽃은 그대로 두고 새소리 바람소리 물소리도 거기 두고 나는 여기에 있다. 그렇다고 내가 봄과 동떨어져 있는 것은 아니다.

밖에 나가지 않고도 나는 산을 그릴 수 있고 실개천을 흐르는 물소리도 들을 수 있다. 약동하는 땅기운을 감지할 수 있고 나뭇가지에 물이 팽팽하게 차오르는 것을 상상할 수 있다. 내 뜰에도 봄이 와서 햇살이 목련꽃에 사뿐히 앉아 있다. 내 마음에 봄이 와 있다. 봄 냄새가 난다. 기왕에 있었던 일이 아닌 좀 색다른 일이 기대된다. 뭔가 새로운 일, 창조적인 일을 해보고 싶다. 무엇을 할 수 있을까, 무엇을 해야 할까, 그런 생각을 하면서 봄날을 보낸다.

어제 오후에는 성당엘 갔다. 성모상 앞, 이제 막 잎이 돋기 시작한 등나무 그늘 아래 앉았는데 발치에 자목련 꽃잎이 하나 둘 떨어져서 하얀 속살을 내보이고 있었다. 고개를 드니 등나무 덩굴을 뚫고 목을 쑥 빼 올린 자목련나무에 꽃이 벙글 대로 벙글어 있었다. '봄꽃이 다 져 버리겠네.' 안타까운 마음에 혼잣말을 하였다. 집으로 올 때는 어깨 위에 내리는 볕이 좋아서 되도록 천천히 걸었다.

문득 그가 그립다. 지척에 있으면서 세상일에 떠밀려 다니느라 좀처럼 만날 수 없다. 찻잔을 꺼낸다. 커피로 할까 하다가 홍차를 만들어서 책상 앞에 앉는다. 홍차 향기가 좋다. 향기를 금방 없애고 싶지 않아서 찻잔을 그냥 곁에 두고 있다. 그는 봄이면 시를 막 써댄다. 써댄다고 한 것은 고뇌하지도 않고 아파하지도 않으며 시를 쓴다는 말이 아니다. 얼었던 대지가 꿈틀거리는 태동, 봄의 탄생에 그의 시심이 환호하는 것이 아닐까 여겨진다. 이제 막 연둣빛 두레박질을 시작한 봄의 힘찬 솟구침이 그에게로 와서 고스란히 시적 열정으로 변용變容되는 것은 또 아닐는지.

생각에 잠긴 사이에 홍차가 식었다. 향기가 날아간 차를 마시며 투박한 찻잔을 만진다. 찻잔을 그려보고 싶다. 이럴 땐 글 속에 약간의 그림을 그려 넣을 수 있으면 좋겠다. 원고지에는 그림을 그릴 공간이 없다. 찻잔을 묘사해 내기가 어렵겠지만 서투른 대로 표현해 볼 수밖에 없다.

뭉툭하게 생긴 찻잔이다. 찻잔이나 받침 접시 찻숟갈이 모두 가운데쯤에서 짙은 갈색과 베이지색으로 나뉘어 있다. 찻잔의 아랫부분이 짙은 갈색, 위는 베이지색이다. 짙은 갈색은 땅 색깔이고 베이지색 부분은 아마도 대기층이리라. 땅 빛깔에서는 생명을 안고 있는 흙의 기운을 느낄 수 있으며, 하늘로 이어지는 베이지색 공간에서는 생명을 다독거려 주는 따스한 볕살이 보인다. 두 색의 경계선에는 옅은 갈색의 띠가 있는데 그 띠 위에 도톰한 분홍꽃 네 송이가 한 쪽으로 쏠려서 피어 있다. 햇빛 쪽일 것이다. 줄기나 잎은 미풍에 나부끼는 모습이다. 찻잔에도 이미 봄이 와 있다.

좀 오래 전에 쌍둥이 찻잔을 사서 C와 하나씩 나눠 가졌다. 찻잔은 그러니까 일란성 쌍둥이인 셈이다. 수만 개의 복제품이 있을지도 모르지만 두 개이면서 유일한 것으로 받아들이고 싶다. 햇빛 쪽으로 기웃이 핀 봄꽃을 담고 있는 찻잔을 보며 나는 봄에 빠진다. 어디론가 떠나지 못하는 마음을 이 봄꽃과 나누는 내가 그리 딱하지는 않다. 찻잔이라는 무생물에서조차 생명을 볼 만큼, 봄은 생동감에 넘치는 계절이다. 그러니 찻잔에서 봄을 만나는 것이 궁색한 일은 아니리라.

산에 들에 봄이 있다 한들 그것을 즐거워하지 않으면 그만이다. 비록 제한된 공간 속에 있지만 내 속 뜰에는 봄산이 있고 봄꽃이 핀다. 나는 이 봄이 더할 나위 없이 좋다. 새로운 생명을 탄생시키는 봄의 작업에 동참할 마음이 된다. 가만히 있되 아무것도 안 하는 것이 아니다. 가슴 속에서 끊임없이 속살거리는 것이 있어 무엇인가 잉태하기를 채근한다.

봄의 정령은 예사내기가 아니다. 얼었던 땅을 풀고 마른 가지에 새순을 밀어낸다. 앙다물고 있던 모든 것을 열고 멈추었던 것들을 흐르게 한다. 이렇듯 좋은 봄날에는 엉켜있던 세상사가 누에실처럼 풀릴 것 같다. 증오로 강팍해진 가슴도 녹녹해진다. 차갑고 칙칙하고 옹색한 것들이 물러난 자리에 관용과 이해가 스며들고 있다.

내가 앉은 자리에 그 봄이 꽉 차 있는 것이다. 이토록 기꺼운 날에 '그대'가 기다려지는 것은 당연하다.

'그대 기다리다/봄꽃 다 지겠네'의 그대는 그리운 이일 수도 있고, 이루고 싶어 하는 어떤 일일 수도 있겠다. 봄꽃이 다 지기 전에 '그대' 만나기를 소망한다.

(1991)

꽃의 미소

세상의 꽃들은 지금 웃고 있다. 앞 집 담 너머 목련은 함박웃음을 웃고, 요 며칠 햇살이 따스하더니 효목로의 벚꽃도 여럿이 모여서 까르르 웃는다. 봄빛이나 봄꽃이 눈물겹도록 곱다.

바깥에 나갔다 돌아오니 책상 위에 예쁜 꽃바구니 하나가 놓여 있었다. 친구가 놓고 갔다는 것이다. 바구니에는 노란 프리뮬러가 가득 피어 있다. 눈을 감고 천천히 허리를 굽힌다. 코끝에 닿는 꽃잎의 감촉과 향기가 마음을 봄꽃처럼 환하게 한다.

봄빛이 친구를 불러냈는지 늘 바쁜 사람인데 불로동 화훼단지에 갔었단다. 친구는 바구니에 꽃꽂이를 하지 않았다. 키 작은 프리뮬러를 한 포기씩 심은 주먹만 한 고무 화분 여덟 개로 바구니를 빼곡히 채웠다. 다섯 장의 동그란 꽃잎은－여럿이 사진 찍을 때 어깨를 조금씩 겹치듯이－한쪽으로 살짝살짝 겹쳐져 있다. 연노랑 엷은 꽃잎에 진노랑 잎맥이 아기 손바닥의 손금처럼 앙증맞게 드러나 있다. 그 꽃 예닐곱 송이씩을 모아서 긴 타원형의 도톨도톨한 잎들이 감싸 안고 있다. 밝은 노랑과 투명한 초록의 조화가 멋지다. 오월 말까지는 피고 지고 한다니 꽃은 꽃보다 오래 볼 수 있어서 좋다.

가만히 들여다보니 꽃도 나를 빤히 올려다본다. 한참 눈을 맞추다가 하도 예뻐서 빙그레 웃으니 꽃도 살짝 웃는다. 꽃이 웃는다. 정말이지 잘못 보지 않았다. 고 보드라운 얼굴을 다시 보아도 보일 듯 말 듯한 미소가 떠 있는 게 분명하다.

식물도 동물과 마찬가지로 종족번식을 위해 치열한 생존경쟁을 한다고 한다. 꽃이 색깔과 향기, 꿀을 가지는 것은 나비나 벌을 유인하기 위한 존재방식일 뿐이라고들 한다. 살아남기 위해서 뿌리와 줄기와 잎이 혼신의 힘을 다해야 꽃이 피는, 그리고 꽃이 제 생명을 다 바치고 시든 다음에야 열매가 맺히는 것이 식물의 고단한 한살이임에는 틀림이 없으리라. 그렇다고 눈앞에 있는 이 예쁜 꽃이, 저 탐스런 목련이, 이 산 저 산의 진달래가 찡그리기라도 하고 있다는 말인가. 아닐 것이다.

생물학적으로 그 의미가 무엇이든 꽃의 미덕은 아름다움에 있는 것일 터. 만약 꽃이 없었다면 우리는 '아름답다'란 낱말을 어떻게 이해할 수 있을까. 꽃은 우리에게 아름다움의 본질을 보여 주고 있다는 생각이 든다. 피어서 아름답고 지는 뜻을 알겠기에 더 아름답다.

꽃은 저마다 독특한 자태와 향기와 빛깔로 우리를 기쁘게 해주고, 때로는 위로해 준다. 누군가에게 마음을 전하고 싶을 때 흔히들 꽃을 한 아름 안겨주곤 한다. 꽃은 대개 멋진 꽃말을 가지고 있다. 꽃을 주거나 받을 때 꽃말이 저절로 떠오르기도 하는데, 말하지 않아도 이심전심이 되는 것이다. 그러기에 꽃은 때로 시가 되고 그리움이 되기도 한다.

꽃을 보면 누구나 입가에 미소를 띠게 된다. 그랬다. 나는 꽃을 보면 웃는다. 내가 웃으면 꽃도 웃고 꽃이 웃으니 나도 웃는다. 오늘 노오란 프리뮬러의 미소를 보고 생각한다, 꽃을 닮고 싶다고. 작은 풀꽃이어도 좋으리. 나만의 빛깔과 향기를 가지고 싶다. 그 빛깔이 되도록 엷었으면 좋겠고 향기는 은은 했으면 좋겠다. 피고 지는 까닭이 고통스런 일일 수도 있겠고 때로는 슬픔일 수도 있겠지만 꽃은 웃음을 잃지 않는다. 내 삶도 그랬으면 한다. 고단하지만 찌들지 않는, 그래서 조용히 미소 지을 수 있는 그런 삶을 살고 싶다.

꽃을 닮고 싶다니, 당치도 않다. 어찌 그럴 수 있으랴. 얼마나 잘 살아야 작은 풀꽃의 어여쁨을 지닐 수 있을까. 어떤 마음이어야 은은한 향내가 묻어 나오겠는가. 모를 일이다. 진정 모를 일이다.

지금은 그냥 웃어야지. 봄빛에 환하게 웃는 봄꽃을 마주보고 웃어야지.

(2001)

그 소년

그날, 불국사 자하문 밖 큰 느티나무 아래서 나는 그의 이야기를 듣고 있었다. 만추의 엷은 햇살이 나무의 그림자를 청운교 백운교 쪽으로 길게 드리웠고 사람들의 발걸음도 차츰 줄어드는 시각이었다. 그는 다윗의 돌팔매가 골리앗을 눕혔다고 무슨 무용담인 듯 짐짓 호기를 부리며 이야기하였다.

소년은 황소를 몰고 범모티산으로 갔다. 마을에서 반 마장쯤 떨어진 야산이다. 그 산엔 큰 살쾡이들이 자주 보였는데 사람들은 범이 나오는 곳이라 하여 범모티산이라 불렀다. 산 중턱에는 목초가 곱게 펼쳐져 있고 둘레에는 소나무 갈참나무들이 우거져서 소를 풀어놓고 먹이기에 안성맞춤인 곳이다.

저쪽 모퉁이에서 꼴을 뜯고 있는 소를 이따금 힐끔거리면서 소년은 갈참나무 그늘에 비스듬히 누워 ≪군협지≫를 읽고 있었다. 여름방학이 반이나 지나갔다. 손도 대지 않은 숙제가 맘에 걸렸지만 아침나절에 나와서 해가 저물기 전에 집에 돌아갈 수는 없다. '저 놈의 소' 또 한 번 힐끗 보고 다시 책에 빠져들었다. 갑자기 누군가가 "소가 달아난다." 고함을 질렀다. 화들짝 일어나보니 소가 저만치 달려가고 있었다. 소년은 밭을 가로질러 죽도록 뛰어서 달려오는 소의 정면에 섰다. 손에 주먹보다 큰 돌이 들려있는 줄 의식하지도 못했다.

소년은 소를 향해 힘껏 돌을 던졌다. 황소가 비틀거리더니 네 다리를 접으며 고꾸라진다. 무슨 일이 일어났는지 알아차리지도 못한 채 잡았다고 안도하면서 소 곁으로 간 소년의 눈에 소의 왼쪽 뺨에 흘러내린 커다란 눈알이 보였다. 너무 무서워서 울음을 터뜨리는 것과 그 눈알을 잡아서 소의 눈에 밀어 넣는 동작이 동시에 일어났다.

황소의 눈알을 잡은 느낌은 끔찍하였다. – 그 느낌에 가위눌리며 청소년기를 지내야했다. – 소가 내놓은 눈알은 물컹하니 한 줌 잡고도 남았다. 하지만 워낙 급했다. 윗동네 부잣집 송아지를 데려와 2년 남짓 키워서 두어 달 뒤에는 주인에게 돌려주어야 한다. 실하고 때깔 나게 키워야 그 삯을 제대로 받는, 대단한 존재가 소였다.

공포와 슬픔에 눈물을 줄줄 흘리면서 소의 고삐를 감아쥐고 와서 외양간에 소를 들여놓았다. 마침 집에는 아무도 없었다. 한 바가지 물을 퍼마시고 '정짓간'에 뛰어들어 놋숟가락 하나를 찾아 품에 넣었다. 감자 껍질 벗기느라 삐딱하게 닳은 어머니의 숟가락이다. 어머니의 손때가 낀 어머니를 닮은 숟가락이다.

소년은 샘재를 넘었다. 오십 리 재를 터덜터덜 걸어서 넘는 동안 해가 졌다. 여름이었지만 산속의 밤은 추웠다. 배고픔도 무서움도 슬픔에 비하면 아무 것도 아니었다. 어머니의 모습이 내내 눈앞을 가렸다. 재를 다 넘었을 무렵 소년은 길섶 움푹 들어간 곳에 쭈그리고 앉아서 밤하늘에 가득 뿌려진 별들을 쳐다보았다. 그만큼 많은 별들을 그토록 오래 쳐다보긴 처음이었다.

소년은 일어나 엉덩이를 툭툭 털고 다시 걷기 시작했다. 걷다보니 날이 희붐하게 밝아왔다. 얼마나 걸었을까 소년의 발은 사립문 앞에 닿았다. 겨우 하룻밤이건만 소년은 낯선 곳을 오래 방황한 뒤 마침내 아늑한 집에 이른 것 같았다. 사립문을 열자 툇마루에 앉아 있는 어머니가 보였다. 밤새워 아들을 기다린 것이다. 한 마디 고함과 등에 힘대로 와 닿는 어머니 손바닥의 따끔한 감촉이 그렇게 고마울 수가 없었다. 참았던 울음이 터졌다. 마을에서 소를 잡았다. 고기 값을 제한 소 값을 변상하느라 어머니의 등허리는 얼마간 더 휘어졌을 것이다.

불현듯 불국사의 만추가 생각났다. 토요일 오후를 달려 불국사에 이르니 그때처럼 해가 얼마 남지 않았다. 자하문 옆

수곽에 흘러넘치는 옥로수玉露水를 파란 플라스틱 바가지로 가득 퍼서 들이켜니 몸속에 맑고 찬 강물 한 줄기가 흐른다. 불국사 경내로 들어가는 길의 단풍나무가 곱게 물들었다.

25년 전 그날처럼 그 느티나무 아래 앉았다. 세월의 더께가 앉아서 더 투박해진 나무 둥치에는 이름대신 '109번'이란 팻말이 붙어 있다. 나무는 세월이 흘러서 '109번'이 되고 열네 살 소년은 오래되어서 은발의 신사가 되었다. 내 곁에 앉아서 아름답게 단풍든 숲을 바라보는 이 남자, 이제는 미운 구석이 더 많아졌다. 하지만 그에게 아직도 남아 있을 그 소년을 나는 많이 사랑한다.

(2004)

울할매

- 사투리 수필

"우야꼬, 우야꼬, 요 두 눈이 새까망 걸 우웨 직이꼬!" 할매가 내를 업고 달포나 넘끼 월배 신의사한테 댕길 땝니더. 앞거름 넘꼬 지당들 지내고 한거랑도 건니가 댕깄심더. 한 날은 널따란 방구돌에 내를 니라노코 털퍼덕 주저 앉띠, 한숨을 짚둥겉이 수면서 고런 말을 하시는 기라예. 내가 댓살이나 됐을 낍니더. 뇌막염에 걸리가 마카 죽을 끼라 캐샀답니더.

옴마는 젖믹이 동상도 있고 들에 중참도 갖다 날라야 되이끼네, 할매가 내를 두더기로 끼리업고 병원에 댕깄는갑심더. 심에 부치마 아무데나 앉어가 숨 돌리고 가는데, 의사한테 먼 말을 들었는지 그라고 눈물을 쭈루룩 흘리는 기라예. 그래 내가 할매 조고리를 붙잡고 "할매 내 안 죽을끼다." 캤십니더. "요누무 가서나가 내 믹살이를 잡꼬 눈알이 밴들밴들하이 달라드는 기라." 울 할매 심심하마 그 말 했십니더.

우웨끼나, 나는 안죽꺼지 밍줄이 붙어가 그때 할매맹키는 아이지만 낼모레 손지 볼 나가 됐심더. 울 할매는 요샛말로 여장부라서 "내 핵교만 지대로 댕깄시마 박순천(그 시절 여성 정치인)은 저리 가랄낀데." 란 말을 노상하민서 큰소리를 떵떵 쳤심더. 그 성질에 울 옴마 시집살이 디기 시킸지예.

막내이 고모 치울 때 혼시하로 큰자아 갔다가 깍쟁이가 쌔 삐릿다 카는 말을 들어가 신경이 짱백이꺼지 뻗칬덩 기라예. 장 다 보고나이 울 할매 맴이 푹 노이가 장이 떠니러 가라고 "보이소! 깍째이요, 내 주무이 가~가소!" 라꼬 소리지러미 꼬장주에서 빈 주무이를 빼가 삥삥 둘렀다 안캅니꺼. 그러키 갱장한 성질 따문에 미느리 조캐미느리들은 할매만 보마 꼬내이 앞에 쥐기라예.

한 번 성이 났다카마 "이누무 인내야!" 고래고래 소리를 질러사가 옴마나 아지매들이 식겁하고 벌벌 떨었덩 기라예. 그란데 그 '인내' 란 말이 내를 무지하이 해깔리게 했어예. 중핵교에 댕기던 잔 아재 앉일배이 책상 앞 비름빡에 요런 조오가 붙어 있었어예. "인내는 쓰다. 그러나 그 열매는 달다." 재구 글을 깨치가 연필똥개이로 아무 조오나 대이는 대로 글짜를 씨던 내가 일꼬 또 일러도 무신 말인지 모르겠능 기라예. 할매가 옴마를 "이누무 인내야!" 카미 머라카는데 그 '인내'가 이 '인내'마 아재는 와 이따구 걸 붙이 났노?

암만 생각해바도 모리겠으가 아재한테 물어봤디만 울 아재 하는 말이 "일마 니는 몰라도 돼." 인자사 생각해보이 할매가 아지매들 부릴 때는 '인내'가 아이고 '인네' 고, 그기 '여인네'를 줄안 말 아이겠나 카는 생각이 드는 기라예.

우짜던동, 살민서 울 할매가 생각키면 시도 때도 없이 내 가심이 째질라캅니더. 나는 밍이 댓줄이라가 안 죽었지만 내 바로 우에 오래비가 열두 살에 뇌염 걸리가 도립병원에서 죽었일 때, 울 할매 및 십 년 삼동네 의원질 하던 침때롱을 불이 벌건 부석에 떤지뿌랐심더. 울 할매 목놔가 울민서 "알짱 겉은 손지새끼 직이 놓고 이따구 침이 무신 지랄이고!" 캤십니더.

손지 갖다 묻은 기 할매 가심에 대못치는 일 맨첨은 아입니더. 그 너더 해 앞에 울 아부지도 시상 비랐덩기라예. 조선에 없는 맏아들 앞 시우고 근거이 추시리고 사는데 손지꺼지 잃아뿟시니 가심이 타도 어데 기양 탔겠능교. 숯디이가 돼도 시커먼 숯디이가 됐지예. 그기 다가 아입니더. 여나무 해 뒤에 또 울 옴마가 빙이 들어 저 시상에 가뿌랐심더.

울 옴마 성내서 시상 비리가 고향집 앞에로 생이가 나가는데 생이꾼이 노잣돈 우릇는다꼬 집 앞에 생이를 시우고 버티이끼네 누가 큰소리를 내질렀어예. "노모 기신다, 쌔기 가자!" 배깥 일 모린척하고 들앉었는 노모가 바로 할매아인교. 암매, 할매 맴 아푸까바 당숙부가 그캤는 갑십니더.

할부지는 말 할 꺼도 없꼬, 아들, 손지, 미느리 당산에 갖다 내삐리고 울 할매 우얘 살았겠십니꺼? 삼동네가 무시라했던 욕쟁이 할매에다가 인물은 또 얼매나 훤했다고예. 그 할매가 열맥이 풀어지고 수가 죽어가 내 비기에는 자꾸 짝아지데예. "내 살아온 거 책으로 씨마 바소구리로 한 거는 될끼다." 카싰는데, 하매요 할매 두 말하마 머 합니꺼. 그 책 속에 머이 들었는지 내 다 모리겠지마는 짚어보마 빌의 빌 기맥힌 일들이 다 있었겠지예. 할매가 누군교. 왜정시대, 대동아전쟁, 육이오 난리 다 적고도 집안 거두미 살아낸 역사의 생생한 징인 아인교.

울 할매 한 대소구리도 안되기 쪼깬하고 해깝어져가 저 시상 가시뿌린지도 서른 해가 넘었심더. 시방도 할매 생각키마 내 가심이 턱턱 맥히뿌는 기라예. 무시라 무시라 캐도 손지 애끼는 거는 유빌랐는데….

내가 노상 아퍼가 "이누무 가서나는 시집보낼 쩍에 논이라도 댓 마지기 딸리조야 누가 델꼬가도 안 델꼬 가겠나." 카는 말 술찮케 들으미 컸지예. 빙치리 하니라고 사램꼴이 될랑가 싶어 캤는 말일낍니더.

친정 산소에 갈 쩍 마중 할매 앞에 머리 수구리고 절하미 "할매 논 댓 마지기 안 딸리조도 내 잘 삽니더. 애 마이 믹있지예. 그라고! 거꺼지 가시가 옴마 딘 시집살이 시기는 거는 아이지예?" 라 카면, 울 할매 "저누무 소~온 다 디져 가디 입만 살어가~" 카미 웃으시는 거 같십니더. 그 할매가 빼떡거리마 억수로 보고접십니더.

(2006)

옛날이야기

멀건 갱죽을 휘휘 저어 푸나물 건더기를 내 그릇에 넣어주며 시어머니께서 말씀하셨다. 오늘 월산댁네 밭 매러 가자. 어제부터 환도 뼈가 시큰거리는 게 산기가 아닌가 싶은데 이 무슨 야속한 말씀인가. 뜨악해서 어머니를 바라보니 짐짓 모른 체 머릿수건을 두르며 문지방을 나서셨다.

만삭의 배를 감싸 안고 어기적어기적 어머니 뒤를 따라가는데 눈물이 핑 돌았다. 햇살은 금싸라기처럼 눈부시지만 휘감겨오는 바람은 시린 봄날이었다. 논두렁밭두렁을 위태롭게 걸어서 보리밭에 이르니 며칠 봄비에 어린 보리가 한 뼘이나 자랐다. 야들야들한 보리 빛깔이 참으로 고왔다. 보릿고개가 아직도 가마득한데 나는 철부지 새색시여서 저게 언제 양식이 되나 하는 걱정보다 친정 오라버니가 만들어주던 보리피리 생각을 하고 있었다.

몇몇 아낙들이 도착하고 내 손에도 호미가 거머쥐어졌다. 너는 매는 시늉만 해라. 내가 두 몫을 할 테니. 밥 한 그릇은 실히 먹어야 해산을 하지. 이 집은 일꾼 밥 많이 주는 집이라. 그제야 그 마음 내게로 건너와서 눈앞에 자우룩하게 안개가 끼었다. 어머니는 재바르게 호미질을 시작하셨다. 보리포기 사이의 지심을 뽑아주고 흙을 푸슬푸슬하게 일으켜 주어야 하건만 나는 배를 안고 앉기조차 힘들었다.

어찌어찌 한 이랑의 절반쯤까지 뭉그적거리며 갔지만 더는 참을 수 없어서 외마디 소리를 지르며 밭고랑에 털버덕 주저앉아버렸다.

"옴매요, 옴매요."

누군가 부산하게 고함을 질러 어머니를 불렀다. 저만치 밭 끄트머리에서 어머니가 호미를 던지고 달려오셨다. 금방 밥 땐데. 어머니의 안타까움 섞인 지청구에 억울한 생각이 들어서 한마디 대꾸를 하려는데 하늘이 노래지더니 정신이 아득해졌다.

"아가, 정신 차리라!"

뺨을 얻어맞은 느낌에 깨어나니 땀에 젖은 어머니의 얼굴이 보였다. 멈추었던 진통이 다시 시작된 내 눈에, 천장의 빛바랜 꽃무늬 사이로 군대에 간 신랑의 얼굴이 어른거렸다.

너를 그렇게 낳았다. 감자와 갱죽만 먹으면서 어디에 감추어 두었던지, 아니면 어떻게 구했던지 할머니는 내게 첫국밥을 끓여주셨다. 추석, 시어머니의 유택에 웃자란 잡풀을 손으로 뜯어내면서 일흔을 바라보는 맏동서가 마흔이 넘은 큰조카에게 하는 이야기다.

동서에게는 눈물 그렁그렁 맺히는 어제 일이고 조카에게는 듣고 또 들어서 심드렁한 옛날이야기이다.

(2004)

마흔의 봄

말 없음의 미학

'뜰'에서 보내는 오후

헤르만 헤세 선생님께

율도국의 홍길동님께

돌

겨울 설화

햇살 가득한 방에서

수필에게, 나에게

내 가슴 속에는 강물이 흐른다

마흔의 봄

완연한 봄이다. 마당귀에 백목련이 흠빽 피었다. 엊그제 꽃 소식을 들은 것 같은데 산비탈에는 개나리 진달래가 지천이며 도로에는 벚꽃 터널이 뚫렸다. 어디를 가나 봄꽃 향기가 그윽하다. 봄은 이처럼 곱디곱다. 나 또한 봄빛에 휘감기며 꽃망울처럼 고운 모습이고 싶다.

봄은 설렘의 계절이다. 해마다 맞는 봄이건만 설렘은 조금도 줄어들지 않는다. 봄은 매양 같은 빛깔이다. 마흔 살에 맞는 봄이라고 조금도 다를 게 없다. 봄은 시작이다. 봄에게는 연륜이 없다. 나무에는 나이테가 있지만 그 나무에 돋아나는 새순에서는 한 점의 세월도 느낄 수 없다. 모든 것이 새로움이다. 새것이다. 그래서 봄에는 나이를 잊는다. 베르테르의 편지라도 읽을 마음이 된다. 스무 살의 봄부터 마흔의 봄까지 나는 정서적으로 그다지 성숙하지 못했다. 성숙하지 못한 대로 좋다는 생각이다.

이 좋은 봄에는 청년이나 노인이나 같은 빛깔을 보고 똑같이 경쾌한 리듬을 느껴야 공평하다. 그럼에도 불구하고 마음에 걸리는 점이 없지 않다. 이십 년 후에도 또 그 다음 이십 년 후에도 봄은 꽃향기로 오겠지만, 나에게 봄은 어떤 의미가 될까. 체감온도의 변화로만 받아들이게 되는 건 아닐까.

봄을 맞는 연습을 해야겠다. 봄마다 새롭게 태어나야겠다. 수목이 물관으로 연초록을 퍼 올릴 때마다 나도 따라 기지개를 켜야 하리라. 끊임없이 새로워지겠다는 마음은 자칫 늙기를 거부하는 아집을 가지게 할지도 모른다. 아무도 늙기를 원하지는 않으리라. 그렇지만 늙는 것을 거부할 수도 없고 거부해서도 안 된다는 생각이다. 중요한 것은 아름답게 늙는 것일 터. 아름답게 늙는다는 것은 세월이 흐른 만큼 자연스럽고 편안한 모습이 되는 것이 아닐까.

청년들의 터질 듯이 발랄한 아름다움에 자주 눈길을 주던 때가 있었다. 그런데 요즈음은 자태가 고운 선배를 대하면 더욱 마음이 빼앗기곤 한다. 어떻게 자신을 가꾸었으면 저리도 단아한 모습이 되었을까. 품위 있는 말씨, 흐트러지지 않은 걸음걸이, 주름졌지만 자애로운 표정을 보면서 그 분의 삶을 짐작해 보기도 한다. 부끄러움을 잃지 않는 마음으로 삶을 가지런히 빗질하였으리라. 태중에 아이를 가졌을 때의 조신함을 잃지 않았으리라. 드러나지 않게 미덕을 쌓았으리라.

오스카 와일드의 〈도리언 그레이의 초상〉을 기억할 때마다 오싹해진다. 완벽한 아름다움을 갖춘 도리언은 자신이 늙을 것이라는 사실에 두려움을 느낀 나머지 자신의 초상이 대신 늙고 그 자신은 전혀 늙지 않기를 바랐다. 자신의 아름다움에 취해서 쾌락지상주의, 자유주의로 악덕만 행하다가 어느 날 초상화를 보니 초상화 속의 자신이 흉측하게 늙어 있었다. 충격을 받은 그는 새로운 모습이 되어 한동안 봉사하는 삶을 살았지만 초상은 흉측함에다 위선까지 덧칠한 모습이 되었다. 이따금 도리언을 떠올리는 것은 그 동안의 세월이 만들어 놓은 지금의 나와 앞으로의 내 모습에 불안을 느끼기 때문일지도 모른다.

자신의 얼굴은 자신의 책임이란 말은 더할 수 없이 적절한 말이다. 생각하고 행한 것에 따라 아름다움과 멋을 지닌 표정이 되기도 하고 사악한 얼굴이 될 수도 있다고 하는 것은 매우 의미가 깊다. 두려운 것은 죽는 것이 아니라 덧없이 늙는 것이라고들 한다. 정작 두려운 것은 늙는 것이 아니라 사악해지는 것이 아닐까.

햇살 녹아내리는 뜨락에서 이제까지와는 조금 다른 마음이 되어 봄을 느낀다. 한없이 따사롭고 포근하다. 해마다 묵은 때를 벗게 해 주었던 봄이다. 고갈되었던 내 서정의 세계를 촉촉이 적셔주었던 봄이다. 그 봄이 무르익어 내게 다음 봄을 기다리라 일러준다. 기다림은 집착도 탐욕도 아니라고 속삭인다. 간절한 기다림 끝에는 샘솟는 기쁨이 온다고 말해준다. 충일한 기쁨으로 새봄을 맞으면 무엇이든 새로 시작하고 싶은 마음이 된다고 한다. 그렇게 봄과 함께 거듭나기를 하라 한다. 그러면 허무하게 늙지만은 않는다고 깨우쳐 준다.

얇은 블라우스의 리본을 매면서 새삼스레 봄빛을 고마워한다. '마흔의 봄'에 내 의식의 이파리에 내리는 금빛 햇살은 축복이다. 나의 봄은 해가 갈수록 점점 그윽해지리라. 그리하여 더욱 깊어진 가슴으로 '쉰의 봄'을 쓰고 싶다. 살아가는 동안에 더러 절망의 나락으로 떨어지는 일이 생기더라도 의연할 수 있겠다. 아무리 꽁꽁 얼었던 땅도 결국은 녹는다는 것을 봄이 가르쳐 주었기 때문이다. 가슴 터질 듯한 환희의 순간에도 침착할 수가 있겠다. 기쁨이란 항시 길지 않다는 것을 알 만큼 살았기 때문이다. 평온한 세월의 사이사이에 끼어드는 적지 않은 어려움은 아마 주름살이 되는 것이리라. 그런 날들을 나는 수필로 빚어내며 보내고 싶다.

다시 예순의 봄, 일흔의 봄을 맞으면서 주름살 곱게 잡힌 얼굴로 환하게 웃고 싶다.

(1992)

말 없음의 미학

수천수만 마디의 말을 담은 눈빛이 있다. 천 년을 마주 앉아 있어도 좋을 것 같은 사랑하는 이의 눈빛이다. 어느 날 그 눈은 긴 이별의 말을 그렁그렁한 눈물로 대신하는데 그 애틋함은 실로 가슴 저미는 것이다. 마주 앉아서 수많은 말을 주고받으며 사랑을 나누고 사흘밤낮을 울면서 이별의 말을 한다면 얼마나 진부할 것인가. 말이 됨으로써 진실은 오히려 가벼워지는 게 아닐까.

부석사에 갔을 때, 그 유명한 부석 앞에 한참을 서 있었다. 실낱 하나 지나감직한 틈을 두고 두 개의 큰 돌은 천년을 견디고 있다. 아랫돌과 뜬 돌을 하염없이 바라보노라니 전율이 일었다. 긴 세월 서로를 향하고 있지만 더는 다가서지 않는 그 말없음의 정한이 사무쳐왔던 것이다. 의상대사와 선묘아가씨의 전설이 아니더라도 서로 닿지 않는 두 개의 돌에서 나는 말없는, 말 잃은 사랑을 읽었을 것이다. 갑자기 일인이역이라도 되어서 두 개의 돌이 묻어놓고 있는 말을 주고받고 싶었다. 역시 세설細說이 많은 속세 사람다운 생각이다. 어리석은 마음이다. 그렇듯 견디고 있는 뜻을 모르는 바가 아니지 않은가.

부석이 전해준 정과 한을 그대로 받아 안은 채 무량수전에 들었다. 정성껏 오체투지를 하는 사람들의 뒤에서 선 채로 부처님을 바라보았다. 한참 만에 아미타여래의 미소를 보았다. 그 미소는 영겁의 세월 저편에서 현세의 나에게로 왔다. 한없는 자애로움이나 중생을 향한 자비, 그런 의미가 아니다. 또한 내 얕은 지혜로 무슨 무언의 설법을 알아들은 것은 더욱 아니다. 그냥 그렇게 그 자리에서 고요를, 적막을 온몸으로 느낀 것이다. 부처님의 눈과 입가에 머문 보일 듯 말 듯한 미소는 참으로 아득한 것이었다. 말없음의 아름다움, 그 극치였다.

날마다 많은 말들을 하면서 산다. 감정을 현란하게 수식해서 말하고 무언가를 끊임없이 설명하고 이런저런 변명을 늘어놓으면서 살아가고 있다. 그것이 나쁘다는 것은 아니다. 말이 말로서 아름다운 경우도 얼마든지 있으리니. 그것을 나열하려면 하루해로는 모자랄지도 모른다. 하지만 수천수만 마디의 말을 담은 눈빛이나 두 개의 돌이 공유하는 천년의 세월, 아미타여래의 미소에서 느껴지는 말없음의 아름다움에 견줄 수 있겠는가.

말없음은 정녕 말이 없는 것이 아니다. 오히려 많은 말을 품고 있다는 생각이다. 말없음은 그 내포하고 있는 말들을 아끼고 삭혀서 마침내 '……'처럼 잔잔한 평화를 얻었을 때 보여지는 말의 다른 형태일 터이다.

말을 잊어버리고 싶을 때가 있다. 무엇이든, 어떤 느낌이든 그냥 담아두고 싶다. 그렇게 담아 둔 것들이 나를 부식시키거나 닫아버리지 않고 안온함으로 나타났으면 하는 바람을 가진다. 이 글조차 그 많은 말에 지나지 않을 것이리니 어찌 그런 바람이 이루어지랴마는.

다만 슬픔과 분노, 미움 따위의 감정은 물론이거니와 기쁨과 관용, 사랑의 정서까지도 조용히 끌어안은 말없음의 아름다움을 동경하고 예찬할 뿐이다.

(2003)

‘뜰’에서 보내는 오후

– 한 번쯤 꿈꾸는 삶

오후의 햇살이 맞은편 십자수가게 창문에서 머뭇거리고 있다. 이따금 눈을 들면 창에 걸어 놓은 해바라기, 새, 시계 문양의 십자수 작품이 보일 뿐 사람은 물론 주인조차 보이지 않는다. 나른하고 권태롭다.

책 읽기가 이제 그리 수월하지 않다. 아직은 그럭저럭 읽고 있지만 곧 안경을 써야할 것 같다. 지금 내가 앉아 있는 책방에도 정적이 묵은 먼지처럼 쌓여 있다. 벌써 몇 시간째 아무도 저 덜컹거리는 유리문을 열지 않는다. 하지만 그다지 지루하지는 않다. 나는 어느새 초로의 여인이 되어 책방에 앉아 있다. 그러니까 나는 서점 ‘뜰’의 주인이다. 서점 이름이 그럴듯하지 않은가. 8호 크기의 목판에 얌전하게 음각된 ‘뜰’이 출입문 옆 빈 벽면에 걸려 있다. 초라하게 보일지도 모르지만 이 간판이 마음에 든다.

책방에서 이루어지고 있는 일상은 매우 단순하다. 책을 팔아야 하지만 고객이 그리 많지 않다. 하루에 몇 사람이나 저 문을 밀고 들어오는지, 그 중에 몇 사람이 책을 사 가는지에 무심한 편이다. 처음 한동안은 책을 들여놓고 팔고 하는 일에 마음을 많이 썼다. 이제는 그러려니 하면서 그저 책읽기에 빠져 있다. 사실 책읽기에도 바빠서 다른 데는 그다지 신경이 쓰이지 않는다. 아직도 못 읽은 책이 너무 많고 눈이 더 나빠지기 전에 가능한 한 많이 읽어두어야 하기 때문이다. 낡은 책들이, 이미 한물갔다고들 치부하는 명저들이 빽빽이 꽂힌 서가 사이의 통로에 놓인 푹신하고 큰 의자에 파묻혀서 책을 읽노라면 아까운 게 시간이다.

나의 다른 모습을 마음대로 그려보았다. 정말 책방주인이 되고 싶었다. 실제로 그렇게 되기 위해서 여기저기 알아본 적도 있다. 지인들은 한결같이 대형서점, 인터넷서점이 널려 있는데 사양길에 접어든 지 오래된 골목서점을 왜 시작하려 하느냐며 손사래를 쳤다. 뿐만 아니라 책을 정리하고 옮기는 일들이 중노동이라는 주장을 했다.

뙤약볕 아래에서 땀 흘리는 농부의 편에 나는 서 있다. 논두렁길, 들꽃, 물빛 하늘에 떠 있는 조각구름, 아름답지만 농촌을 전원으로 바라볼 수만은 없는 노릇이다. 그런 맥락에서 보면 작은 서점의 주인이 되고 싶은 소망은 어리석기 짝이 없고, 나는 도대체 생각이라고는 없는 사람이 되고 만다. 서점 주인으로서 일정 수준의 이윤을 추구하여야만 한다. 그런데도 숫제 거기에는 관심도 없고 능력도 없으니 어디 될 법이나 한가. 아담한 서점에서 있는 듯 없는 듯 가능하면 신의 눈에조차 띄지 않게 조용히 살고 싶은 오랜 꿈은 그래서 접을 수밖에 없었다.

그럼에도 불구하고 서점 주인이 되고 싶다는 소망에 사로잡혀서 나는 꿈꾸기를 그치지 않는다. 서점 '뜰'의, 하도 여러 번 그려보아서 낯이 익은 그 의자에 다시 나를 앉혀본다. 내 코와 귀에는 이제 테가 가벼운 안경이 걸려 있다.

문은 열릴 때마다 삐걱거린다. 그 문을 열고 한 청년이 들어온다.

"≪○○○≫ 있어요?"

"그 책은 없어요. 미안해요."

"나온 지 6개월이나 되었는데요?"

"단테의≪신곡≫읽었어요?"

"못 읽었는데요."

"나온 지 600년이 넘었다오."

어디에선가 읽은 비슷한 내용을 패러디하였다. 이를테면 귀한 손님들과 이런 식의 대화를 나누며, 또 찾아온 이에게 이 책은 정말 읽어 볼만하다고 권하기도 하며 시간을 보내고 싶다. 그러면서 나에게 축적된 시간의 의미를 되짚으며 그 속에서 아름다움과 고마움에 대한 기억을 되살려 내었으면 한다. 내가 만났거나 보았던 남루한 사람들과 초라한 것들을 생각해 내고 그 때는 모르고 놓쳐버렸던 어떤 고귀함 앞에서 고개 숙이고 싶다.

그러다가 어느 늦은 가을 날 엷은 어둠이 골목 저 끝에서 막 묻어 들어오기 시작할 때, 마침내 나는 영원 속으로 함몰되었으면 한다.

(2002)

헤르만 헤세 선생님께

문화예술회관 계단을 뛰어오르면서 제 가슴은 마구 뛰었습니다. '헤르만 헤세, 대구 특별전' 이 열리고 있다는 소식을 뒤늦게 들었습니다. 그러니까 이 지역에서 선생님에 관한 모든 자료를 전시한다는 것입니다. 저는 갈래머리소녀가 되어 한스와 싱클레어를, 싯다르타를 만나기 위해 집을 나섰습니다.

제 눈에 가장 먼저 들어온 것은 실물크기의 흑백사진으로서 계신 선생님의 만년의 모습이었습니다. 순간 눈물이 그렁하게 고였습니다. 둥근 안경테 너머 깊이 모를 눈빛, 주름진 얼굴에서 형언할 수 없는 느낌을 받았습니다. 그것은 숭고한 인간에 대한 떨리는 외경이었습니다. 저는 천천히 그리고 조용하게 소년, 작가, 평화주의자, 화가, 자연주의자, 노년, 말년의 헤세 선생님을 차례로 만나고 뵈었습니다.

고등학교 때≪데미안≫을 처음 읽었습니다. 지금 생각하면 그때 무엇을 이해했을까 싶습니다만 '새' '알' '세계' '신' '아프락사스'에 대한 상념에 젖곤 했습니다. ≪페터 카멘친트≫,≪수레바퀴 아래서≫,≪지와 사랑≫,≪싯다르타≫소설 속의 인물들은 더할 나위 없이 매력적이었습니다. 막연한 그리움에 섯고, 아름다운 사랑을 꿈꾸던 소녀에게 선생님의 주인공들은 보이지 않는 연인 같은 존재로 자리했습니다.

청소년기의 꿈과 현실, 회의와 반항, 일탈의 유혹과 방황을 그들과 함께 겪고 이겨내고 아파했습니다. 특히≪싯다르타≫는 한동안 저를 뒤흔들었습니다. 갈증으로부터, 욕망으로부터, 꿈으로부터, 기쁨과 슬픔으로부터 벗어나기 위해 사문의 길로 들어서는 아름다운 청년 싯다르타는 제게 순결한 삶에 대한 동경을 갖게 했습니다. 또한 그 길에서 무한히 괴로워하고 무한히 참아내며 마침내 죄인 속에서 사람들 속에서 부처를 발견하는 싯다르타를 보면서 저는 진리에 대한 열망을 갖게 되었습니다.

선생님의 주인공들과 도서관에서 만나고 헤어지는 게 싫었습니다. 하지만 갖고 싶은 책을 살 수 있는 그런 시절이 아니었습니다. 몇 년이 더 지나 대학에 다니면서 용돈을 아껴서 다섯 권으로 된 전집을 7천 원(그게 지금의 얼마쯤인지 짐작이 되지 않습니다)에 사서 제 방에 들여놓았습니다. 1973년의 일입니다. 비로소 저는 선생님의 분신인 한스와 싱클레어와 카멘친트… 그들을 제 곁에 불러 모았던 것입니다.

지금의 시력으로는 읽을 수 없는 깨알 같은 글씨가 세로로 빽빽하게 박힌 그 책들은 종이가 바래어 붉게 변한 채 여전히 제 서가에 자리하고 있습니다. 마지막 권에 게재된 연보는 1961년(84세) '계단'간행으로 끝이었습니다. 선생님이 영면하신 1962년, 저는 아홉 살이었습니다. 그렇듯 선생님과 저는 이 지상에서 연이 닿지 않았습니다. 동시대였다 하더라도 동양과 서양의 거리며, 그 동서양이라는 거리보다 더 크게 벌어진 사람의 크기 차이로 역시 연이 닿지 않았을 것입니다.

그러니 제가 오래된 작품집들을 실물로 보고 선생님께서 그린 작은 마을, 호수, 산, 구름들의 고요한, 잠자는 듯한 수채화들을 대하는 마음이 어떠했을지 짐작하실 것입니다. 선생님이 소설 속에 등장시킨 자전적 인물들 때문에 소년 헤세, 젊은 작가 헤세가 더 반가울 줄 알았습니다. 뜻밖에도 그게 아니었습니다. 만년의 선생님 모습을 담은 사진들, 해설들 앞에서 저는 오래 서 있었습니다. 이제 더 이상 소녀도 젊은 여인도 아니기에, 자연에 은거하기 시작할 무렵의 선생님 표정에서 참으로 많은 의미를 읽어낼 수 있었기 때문이 아닐는지요.

마른 체구에 헐렁한 양복을 입고 모자를 쓴 채 나무 곁에 앉아서 그림을 그리는 모습, 정원에서 토마토를 돌볼 때의 표정은 참으로 고요하고 평화로웠습니다. 끝없이 탐구하고 한없이 고뇌하던 젊은 날들이 있었기에 그리 될 수 있지 않았겠습니까. 무엇보다 창밖을 내다보고 있는 노년의 모습은 울림이

켰습니다. 여생을 조용히 보내고 계셨을 그때 선생님의 시선에 잡힌 것은 무엇이었을까. 사랑과 이별, 방랑, 회의, 그리움, 슬픔, 밝고 어두운 세계, 자연과 정신을 그리며 일생을 보낸 대작가는 창밖을 내다보며 무슨 생각을 하셨을까. 이 지상에서의 삶을 끝내는 날 이르게 될 천상을 바라보며≪유리알 유희≫의 저 유명한 글귀 '오래도록 무거운 짐을 진 자, 그 짐을 부리도록 허락을 내린다. 그것은 감미롭고 근사한 일이다.'를 되뇌고 계셨을까. 그런 생각들을 했습니다.

오래 전부터 그리워하던 소년을, 인간에게 정신이 무엇인가를 가르쳐 주신 고귀한 스승을 만나고, 뵌 기쁨을 가슴에 안은 채 오후의 햇살에 물든 문화예술회관 계단을 천천히 내려왔습니다.

(2004)

율도국의 홍길동님께

님은 마침내 왕이 되었습니다. 일국의 왕을 저는 '님'이라 부릅니다. 님이 살던 시대로부터 수 세기가 지나고 밀레니엄(이 용어를 이해하실지 모르겠습니다만)이 바뀌었습니다. 그 사이 님이 그토록 진저리를 치던 적서차별은 물론 신분차별이 없어졌습니다.

제가 님을 님이라 부르는 것('아버지를 아버지라 부르지 못하고…'라고 절규했던 님이 연상됩니다)은 충성스런 신하가 임금을 향한 그리움을 필설로 표현할 때의 그 '님'이 아닙니다. 또한 가슴에 품은 고운님을 뜻하지도 않습니다. '님'은 이제 모든 이에게 공평하게 붙이는 경칭으로 두루 통용되고 있습니다. '공평하게' 란 말을 님이 기뻐하리라 생각합니다. 대통령이나 일개 시민이나 똑같이 님으로 경칭된다면 놀라시겠습니까? 그럴 테지요. 님이 통치한 율도국도 이처럼 공평하지는 못했을 테니까요. 율도국의 왕이신 님을 님이라 부르는 데 대한 사설이 길어졌습니다.

홍판서의 서얼로 태어난 님은 일찍이 아버지를 아버지라 부르지 못하고 형을 형이라 부르지 못한(님에게는 사무치는 서러움이었겠으나 그것을 모르는 이 시대 사람들은 흔히 드라마나 코미디에서 그 대목을 패러디하면서 웃기까지 합니다) 한恨을 가슴에 품은 채 집을 나와 도적의 소굴로 들어가서 그 우두머리가 되고 군법을 세웠습니다. 조선팔도를 다니며 불의로 모은 탐관오리들의 재물을 탈취하여 빈민을 구제하였습니다. 님은 호풍환우呼風喚雨의 술법과 둔갑법, 축지법을 행하고 일곱 가짜를 만들어 팔도에 여덟 홍길동이 동시에 나타나는 도술을 부려 임금을 혼비백산하게 만들었습니다.

님의 동시다발 출현은 참으로 인상적이어서 이 시대 각 관공서는 물론 각종원서 등 수많은 서식에 족히 수백의 홍길동이 그 이름 석 자로 동시에 살아나 있습니다. 역사 이래 이토록 오래 그리고 널리 이름을 남긴 사람도 드물 것입니다. 다만 유감인 것은 님이 꼼짝 못하고 탁자 유리 밑 보기용 서식에 갇혀있다는 사실입니다. 아마 오늘 날의 관공서도 님이 무서워서 그리 가둬놓은 게 아닐까요. 지금도 여전히 세상구석구석 독버섯으로 자라고 있는 부정부패는 그때 님이 벼슬아치들의 불의를 다 바로잡지 못하고 서둘러 해외로 나간 까닭이 아널는지요.

말이 나왔으니 말입니다만 님이 해외의 율도국으로 간 사실은 무척 아쉽습니다. 님이 조선팔도를 들쑤시며 나라를 뒤흔들었기에 님의 아버지는 병을 얻고 가문은 멸문지화의 위협에 놓였습니다. 효를 저버릴 수는 없었던 게지요. 님은 '호부호형'을 허락 받았고 게다가 조건으로 내세운 병조판서에 오르면서 그간의 행적을 마무리했습니다. 한풀이를 다하신 게지요.

서얼들의 위상제고를 위한 어떤 약속을 받아 내거나 가난한 백성을 구제하기 위한 제도적 뒷받침을 마련했던 것 같지는 않습니다. 그 점 후대의 한 사람으로서 조금 섭섭합니다. 물론 님은 개인이었고 한 아비의 자식이었기에 그 행함에 있어 한계가 있었으리라 이해합니다. 하지만 님이 누구입니까. 초인超人이 아닙니까. 허수아비에 혼을 불어넣어 진짜와 구별되지 않는 가짜(장차 복제인간이 등장하게 될지도 모르겠습니다만 그건 과학이지 도술은 아닙니다)를 동시에 출몰하게 하는 도술을 자유자재로 부리지 않았습니까. 기왕에 초인으로 등장했는데 나라를 제대로 바꾸시지 그랬습니까.

님은 그러나 못다 한 꿈을 실현하기 위해 율도국을 쳐서 스스로 왕이 되었습니다. 율도국은 이 세계에 존재하지 않는 이상향이라지요. '왕이 나라를 다스린 지 삼 년에 산에는 도적이 없고 길에서는 떨어진 물건을 주워 가지지 않았으니' 란 율도국은 태평세계였습니다. 과연 그러했을 것입니다. 단지 그 나라가 조선이 아닌 것이 못내 서운합니다.

님은 두 부인(후대에 와서 일부일처제가 법제화되었습니다)에게서 자녀를 보았는데 님이 당한 설움을 둘째 부인 소생에게 대물림하지는 않았는지요. 사람 마음이 예나 지금이나 그리 다르지 않을 것이기에 행여 어느 자녀가 님 못지않은 한으로 가슴을 저몄을지도 모른다는 쓸데없는 생각도 해보았습니다.

제가 좁은 소견으로 님에게 장문의 글월을 올리면서 군데군데 아쉬움을 표현한 무례함을 용서하시기 바랍니다. 다만 스스로의 한을 푸는 데 그치고 이 나라를 떠났던 것이 비단 님의 책임이기만 하겠습니까. 15세기에 태어나서 한 시대를 풍미한 님을 17세기의 한 문장가가 소설에 불러냈기 때문이며, 님이 그 시대의 부정부패를 좀 더 철저하게 타파하지 못한 것은 님보다, 작가의 역사적 사상적 한계 탓이 아니겠습니까.

제가 사는 이 시대도 부정부패가 만연한 터여서 율도국 같은 이상향이 무척 그립습니다. 선거철만 되면 자천타천의 지도자들이 사방팔방에 홍길동님처럼 나타나서 '율도국'을 약속하는데, 도무지 그런 나라가 되지 않는 것을 보면 그들에게도 님 또는 허균님처럼 어쩌지 못할 사정이나 한계가 있는 것이겠지요. 노여워하지 말아 주십시오. 님과 그들을 동일시하는 것이 결코 아닙니다. 어쩔 수 없었겠지, 라고 생각지 않고서는 그 중 몇몇은 도저히 이해할 수 없기 때문입니다.

아무튼 역사나 소설에서 익히 들어온 수많은 영웅들 중에서 님이 가장 친근합니다. 님의 이름은 '서식'에서나마 길이 남아서 대대손손 백성들을 떠나지 않았으며, 덕분에 백성들은 운명을 주체적으로 개척해나간 영웅 홍길동에게서 희망을 배웁니다. 그 점 깊이 감사드립니다.

후대의 백성 아무개 올림

(2006)

돌

나의 방에는 돌이 많이 있다. 방 한가운데에 놓인 책상에 앉으면 등 뒤에서 돌들의 이야기소리가 들리는 듯하다. 방의 한 쪽 벽면에 세 개의 작은 책장이 잇대어 있고 그것들과 ㄱ자를 이루면서 커다란 유리문이 달린 장식장이 놓여 있다. 그 안에는 몇 무더기의 작은 돌들이 들어 있다. 여기저기 흩어져 있던 돌멩이들이다. 담양에서 사 온 대나무 소쿠리에 담겨져 보기에 좋다. 또 등잔 모양의 나무조각품에 얹힌 세 개의 유리 그릇에도 작은 돌이 가득 차 있다.

몇 해 전부터 작은 돌을 모아 왔다. 나는 지금까지 뭔가를 수집하는 취미를 갖고 있지 않았다. 한데 어쩌다 틈내어 바다에 가게 되면 파도자락에 몸을 씻긴 돌을 눈에 띄는 대로 주섬주섬 주워서 가져왔다. 돌이 어여쁘거나 귀하게 여겨져서가 아니었다. 바다, 그 탁 트인 시야와 바닷바람과 펼쳐진 모래밭을 거기 그냥 두고 아우성치는 내 삶의 한복판으로 돌아서는 것이 아쉬워서 바다를 가져오는 심정으로 돌을 가져왔다. 가져온 돌을 틈 날 때마다 들여다보면서 돌의 참 맛을 느끼게 되었다. 닳고 닳으면서 더욱 단단히 응집된 강인함이 좋아졌다. 억겁의 세월을 뭉쳐서 품고 있는 자그마한 몸집이 당차 보였다.

차츰 모든 돌들을 좋아하게 되었다. 길을 걷다가 무심히 발에 채인 돌이나 마당에 아무렇게나 굴러다니는 돌, 화단의 시커먼 부식토에 덮인 채 삐죽이 한 귀퉁이를 내보이는 돌, 눈길을 붙잡는 돌이면 어느 것이나 손에 넣어 만지작거렸다. 몇 점 놓인 수석이 무색할 만큼 방은 작은 돌의 무더기가 분위기를 압도하고 있다.

마음이 수런거릴 때 방 안을 홀로 서성이면 돌의 말없는 눈빛이 마음을 어루만져 준다. 돌무더기를 바라보고 있으면 마음이 잔잔해지고 고요한 가운데 기쁨이 충일해 온다. 돌의 기원이 바위라면 나는 듬직한 바위를 여러 개 가지고 있는 셈이다. 바위의 모태가 산이라면 나는 집 안에 커다란 산을 두고 있는 셈이 된다. 아득한 옛날 깊디깊은 땅 속의 마그마가 폭발해서 뜨거운 바윗물이 솟구쳐 올라 지표나 지표 가까이에서 식은 채로 굳어진 것이 바위이다. 그렇듯 끓어오르던 정염을 가라앉혔기에 바위는 그처럼 덤덤하고 묵직한 표정을 지을 수 있는지도 모른다.

바위가 갈라지고 갈라져서 겁의 세월동안 설한풍을 다 견뎌낸 후 마침내 조약돌의 크기가 되어 내 손에 닿았다. 구름이 비가 되고 비가 다시 구름이 되기를 헤아릴 수 없이 반복한 동안 씻기고 씻기어서 나에게로 왔다. 그렇게 닿은 연緣을 생각하면 반갑기 이를 데 없다. 얼마나 귀한 만남인가.

돌을 유심히 들여다보면 이 세상에 촘촘히 박혀 있는 사람들마냥 참으로 여러 모습이다. 앙칼지게 각이 진 것, 귀부인의 우아한 기품을 지닌 것이 있는가 하면 펑퍼짐해서 하늘이라도 포용할 듯이 여유 있어 보이는 것도 있다. 모진 풍상 혼자 겪은 듯이 작은 구멍이 무수히 패여 있는 돌은 온갖 가슴앓이를 다 견뎌낸 사람의 표정을 닮아서 코끝이 따가워진다. 권투용 장갑을 닮은 것, 석기시대의 돌칼 모양을 한 것, 나뭇잎처럼 나란히 맥이 보이는 것들도 있다. 색깔로는 잘 익은 대추빛깔이 많고 회색, 다갈색, 검정색, 청색 따위가 있다. 기묘하다. 그 중에서도 내가 가장 아끼는 두 개의 돌이 있다. 하나는 수평선 위로 갈매기 한 마리가 나는 듯한 문양이 보이는 것으로 나를 언제라도 바다로 데려다 주는 것이다. 다른 하나는 검은 바탕에 흰색 하트 모양의 무늬가 뚜렷한데 빗금이 그 가운데를 뚫고 나가서 마치 정한情恨에 사무치는 어떤 이의 가슴을 느끼게 한다.

돌은 이렇듯 각각의 모습으로 나를 만난다. 돌과의 만남에서 나는 적지 않은 의미를 읽어낸다. 주고받는 말이 없어도 돌은 나에게 저마다 다른 메시지를 던져 준다. 돌은 나에게 모진 풍상 다 인고해 낸 사람의 넉넉함을 이야기해 준다. 모나면 모난 대로 투박하면 또 그대로 어디든 쓸모가 있음을 제 모습으로 웅변해 준다. 수천수만 년 흘러서 오늘에 이르렀음을 말해 주면서 무엇이든 쉽게 이루려하지 말라고 타이른다.

돌이 나에게 주는 것이 꼭 가지런히 정돈된 언어만은 아니다. 좀 엉뚱한 것도 있다. 수석의 품위와 때깔은 없어도 내게는 귀한 보석이다. 이토록 값진 보석을 대하고 있으면 문득 문명의 바람을 쐬지 못한 구릿빛 살갗의 여인이 되고 싶기도 하다. 눈에 띄게 고운 돌을 골라 밀림에 서식하는 식물의 질기고 매끈한 줄기로 꿰어서 목걸이를 만들고 팔찌와 귀걸이를 만들어 장식하고 싶어진다. 작열하는 햇살 소나기 속에서 하얀 이 드러내고 웃는 돌보석 치장의 미인이 되고 싶은 충동이 일어나기도 하는 것이다.

이처럼 깊이 돌은 나의 벗이 되었다.

침묵하는 돌에서 나는 돌의 마음을 느끼고 돌의 언어를 읽으며 돌의 표정을 닮아갈 것이다.

(1989)

겨울 설화

산을 내려오면서 생각한다. 이것은 한편의 설화로 남아야 한다고. 그렇다면 내가 기꺼이 이 설화의 전승자가 되어야 한다. 나는 그 아이의 입양과 건강의 상담역이었다. 그래서 누구보다 그 아이가 행복한 삶을 살기를 바랐다.

절에 도착했을 때 이미 천도재가 시작되어 있었다. 여러 해만에 찾아왔다는 삼한사온, 오늘이 그 삼한 중 하루인 듯싶다. 산기슭에서 법당까지의 길이 멀지 않건만 바람이 살갗을 베는 듯해서 숨이 차도록 바쁘게 걸었다. 두꺼운 옷으로 온몸을 감싸고도 뼛속까지 냉기가 스며드는 날씨에 그 아이의 극락왕생을 비는 재가 올려지고 있다. 이제 그 조그마한 아이의 이야기를 시작할까 한다.

'어느 시절 어디에 아무개가 살았는데….' 그렇듯 민화나 전

설의 첫머리처럼 시작할 수도 있지만 그런 것에 얽매이고 싶지 않다. 이제 막 중유의 세계를 벗어나 다음 세상의 새로운 생을 받게 된다는 그 아이의 영혼이 행여 자유롭지 못할까 염려가 되기 때문이다.

그 아이는 몇 해 전 어느 추운 겨울 밤, 도시의 한복판 아스팔트 위에서 태어났다. 그 지난한 태어남의 순간에 내 친구의 옷깃이 닿았다. 친구는 코트와 셔츠를 벗어서 겨우 상황을 수습하여 병원으로 갔다. 산모는 보통 때 친구가 경멸해 마지않던 미혼모였다. 갓 태어난 핏덩이와 대책 없는 산모의 처지가 막연하였다.

친구가 전화를 했을 때, 나는 하느님의 귀한 선물이니 겸허하게 받으라고 말하였고, 그는 그의 신앙으로 전생에 빚을 진 인연이라면 어찌 마다할 수가 있을까 하는 것이었다. 곡절 끝에 아기는 친구의 따스한 품에 안겼다.

그 아이는 죽었다. 겨울에 태어난 아이는 겨울에 떠났다. 산허리를 가파르게 내려온 날선 바람이 길섶의 검불더미에 휘몰아친다. 가랑잎 하나가 저만큼 앞질러 길을 따라 빠르게 굴러간다. 바싹 마른 잎인데 바스러지지 않고 거침없이 앞으로 나아가는가 싶더니 시야에서 사라진다. 불현듯 그 가랑잎이 이제 막 극락으로 가는 아이의 영혼일지도 모른다는 생각이 든다.

하필 그렇게 쪼그라들고 마른 잎에서 그 아이를 연상한 것은 아마 며칠 전에 들은 스님의 설법 탓이리라.

"옛날 어느 선승이 서너 해의 수행이 모자라서 성불하지 못하였는데 이 아이의 몸을 빌려서 환생을 하였습니다. 그리하여 다하지 못한 수행을 끝내고 마침내 성불하였습니다."

정말 그런 것인지 그 아이의 부모를 위로하고자 한 것이었는지 알 수 없는 일이다. 나뭇가지 끝에 앉았다가 포르르 날아가는 어린 새도 아닌 겨울 낙엽에서 그 아이가 떠나는 모습을 본다. 마치 모진 고행을 거쳐 해탈에 이른 노승의 뒷모습을 보듯이.

그 아이는 백혈병을 앓았다. 항암 치료의 고통을 아이답지 않게 잘 견뎌내었고 바깥과 격리되어 있는 갑갑함도 신기할 만큼 잘 이겨내었다. 복병은 엉뚱한 데 있었다. 감기 끝에 온 폐렴이 그 아이를 앗아간 것이다.

"왜 줬다 빼앗아 가는데?"

절대자를 향해 완강하게 항변하던 친구의 말이 내게도 비수처럼 꽂혔다. 내가 이 이야기에 굳이 설화란 낱말을 쓴 것은 현실 초월에의 소망을 품고 있기 때문이다. 우리의 고대 설화를 보면 현실에서는 도무지 불가능한 일이 이루어지고, 이승에서 못 이룬 사랑이 저승에서 맺어지기도 한다. 주인공의 삶은 대개 슬프고 어렵지만, 결국은 시대를 뛰어넘고 이승과 저승을 넘나들며 소망한 바를 얻는 것으로 엮어져 있다. 바로 그것이다. 친구는 윤회설을 믿고 있다.

육신의 죽음을 맞고도 오랜 세월을 극락에 이르지 못한 옛 선승의 영혼이 그 아이의 몸을 빌렸다. 정말 그렇게 예비하고 있었던가. 짐작컨대 그 아이는 잉태된 순간부터 모체의 저항을 받았을 것이다. 어쩌면 어떤 직접적인 거부의 방법이 그 아이의 태어남을 방해하였을 수도 있을 터였다. 원하지 않은 수태를 하였을 때 보통 어머니 중에도 인공 유산을 감행하는 사람이 적지 않다고 들었다. 하물며 미혼모에 있어서이랴.

불안하기 짝이 없는 모체의 심리 상태와 한겨울의 길바닥이라는 더 이상 나쁠 수 없는 출생의 형편이 옛 선승의 모자랐던 수행을 채우기 위해서였다면 더할 나위 없이 착한 태어남이다. 그리고 병마, 그것도 떠돌던 한 영혼의 극락왕생을 위한 것이었다면 그 작은 몸이 받은 고통도 친구의 신앙으로는 수용할 수밖에 없다.

하지만 나는 여기에 한 가지의 소망을 보태고 싶다. 또다시 모자의 인연을 맺었으면 한다. 다음 생에는 친구의 몸에 잉태되어 포근한 강보에 싸이기를 바란다. 서너 해의 짧은 인연이 한으로 남은 이번 생의 부모와 다시 만나 평범한 삶을 살기를 원한다. 그러다가 마침내 늙은 부모의 임종을 지키는 자식으로 살았으면 한다. 내 마음 속에 있는 원고지에는 내가 바라는 대로의 삶을 사는 그들의 다음 생이 다 씌어져 있다. 그 배경은 따스한 봄이다.

그 어떤 고통도 결국은 이겨낼 수밖에 없을 것이라고 한 친구의 마음을 헤아리며 글을 쓴다. 언젠가 그가 마음을 추스르면 이 글을 그의 손에 가만히 쥐어 줄 것이다. 글을 다 읽은 친구의 얼굴에서 번뇌를 벗어난 조용한 미소를 보게 될지도 모르겠다.

(1994)

햇살 가득한 방에서

- 나의 문학, 나의 21세기

방에는 햇살이 가득하다. '햇살 가득한 방', 한나절을 앉아 있어도 지루하지 않은 내 방의 이름이다. 창문이 많아서 환하기도 하지만 이 방에 앉아 있으면 내 영혼에도 고운 햇살이 들어서 따스해지기 때문에 그렇게 이름 지었다.

방에는 책이 많다. 빼곡히 꽂힌 책들을 바라보고 있으면 인간의 정신에 외경을 느낀다. 방에는 돌이 많이 쌓여 있다. 마당, 꽃밭, 길, 운동장, 어디에서나 눈에 띄는 조약돌들이다. 모진 풍상을 겪으며 커다란 바위에서 마침내 조약돌이 된 그 인고의 세월을 생각하면 숙연해진다. 방에는 마른 꽃이 참 많이 있다. 마른 꽃들에 향기가 있는지 없는지 잘 모르겠지만, 언제나 그윽한 향기가 나를 에워싸는 것 같은 느낌이 든다. 방에는 또 내 기억의 창고가 있다. 오래된 편지들과 해묵은 일기장들,

손때 묻은 원고들이 그것이다.

얼마 전에 서예를 하는 선배가 '햇살 가득한 방'을 판본체로 써 주었다. 표구를 해서 방문 위에다 걸어 두었더니 보기에 참 좋다. 방에 대한 사설이 길어졌지만 실은 문학 이야기를 한 것이다. 책을 읽고 돌을 좋아하며 꽃을 바라보는 사소한 일이 내 문학의 바탕이다.

나는 늘 무엇인가가 그립다. 아득한 유년의 뜰이 그립고, 그 마당의 우물가에서 두레박질을 하던 젊은 어머니가 그립다. 이제는 멀어져간 순진무구했던 날들이 그립고, 사라져 가는 모든 소중한 것들이 그립다.

나는 온갖 것들을 다 사랑한다. 물무늬 잔잔한 못물과 그 못가에 서 있는 나무를 사랑하고 세계를 향해 열려 있는 바다를 사랑한다. 무엇보다 사람을 사랑한다.

나는 이따금 몹시 아프다. 인간의 근원적인 고뇌와 살아가면서 맞닥뜨리고야마는 슬픔 때문에 가슴 저미는 날이 적지 않다. 그런 정감들을 풀어내기 위해서 수필을 쓴다. 그러고 나면 내 영혼에 환하게 햇살이 든다.

수필은 참으로 알맞은 길이와 깊이를 가진 매력적인 장르이다. 예사롭지 않은 체험에다 의미를 부여하고 소중한 결정을 찾아내는 작업이 수필 쓰기이다. 체험에서 비롯되기에 수필은 진솔하고 감동적이다. 보통 일인칭의 화자가 직접 이야기하기 때문에 수필에는 친근함이 있다. 그래서 편하게 읽힌다. 수필은 시처럼 짧지 않고 소설처럼 길지 않기 때문에 문장을 생명으로 한다. 요컨대 정확하면서도 문학성이 있는 문장이어야 한다. 수필이 지녀야할 이런 덕목에 내 글이 미치지 못하고 있음이 부끄럽다.

체험이다, 편하게 읽힌다는 속성 때문에 더러는 수필을 신변잡기로 여기기도 하고 아무나 쓰는 글로 폄훼하기도 한다. 과연 그럴까. 일상적인 체험이라 할지라도 거기에서 특별한 의미를 찾아내었다면 이미 신변잡기가 아니다. 편하게 읽히는 글일수록 쓰기는 더 어렵다. 게다가 깊이를 더해야 하니 결코 쉬운 일이 아니다. 쉽게 그리고 깊게, 그것이 수필의 딜레마이며 미학이다. 또한 내가 풀어야할 과제이다.

이미 새로운 세기에 접어들어서 모든 것이 빠르게 변화하고 있다. 수필문학에도 기존의 가치를 벗어나야 한다는 목소리들이 들린다. 그 흐름을 따라갈 수 있을는지 모르지만 나에게는 수필에 대한 뜨거운 열정이 있다. 그래서 용기를 잃지 않으려 한다.

2000년 1월 1일 신새벽에 나는 우리 집 옥상에 서 있었다. 그 시간에 생생하게 살아서 뽀얀 입김을 내뿜으며 새 천년의 하늘을 쳐다볼 수 있다는 사실에 감격하였다. 가슴이 뜨거워졌다. 그 뜨거움으로 글을 쓸 수 있다, 21세기에도. 정녕 복된 일이다.

(2000)

수필에게, 나에게

미용사가 머리를 자르는 동안 거울 속 얼굴을 유심히 보았다. 낯익은 그리고 낯선 내가 거기에 있었다. 피로하고 우울해 보였다. 무엇보다 소란스러움이 묻어 있는 표정이었다. 얼굴은 참 정직하다.

글쓰기에서 궁극적으로 얻고 싶은 것은 마음의 평화이다. 글을 쓰는 동안 그러나 오히려 소란스러워지고 남루해졌다는 생각이 든다.〈자화상〉,〈때로는 아무 뜻 없이〉,〈가벼워지기 위하여〉, 연작〈바다에서〉등이 고요해지기 위한, 평화를 얻기 위한 바람이 낳은 작품들이다. 그럼에도 불구하고 내 영혼은 여전히 시끄럽고 가슴은 무겁다. 〈말없음의 미학〉도 그런 맥락에서 씌어졌다. 아미타여래의 미소를 바라보았으되 그 온전한 고요의 감동을 오래 간직하지는 못했다. 한 편 글로 빚어서라도 지니고 싶었다. 그렇듯 글은 어떤 열망 때문에 창작되어지는가 싶다.

늦가을 어쩌면 겨울 초입의 어느 날이었는지 모르겠다. 두류도서관에서 열린 사진 전시회에 갔었다.〈삶〉이란 제목의 사진에 대한 감상을 서술한 것이 수필〈삶〉이다. 같은 제목의 사진으로 말미암은 글이어서 그대로 글 제목으로 택했다. 사진작가의 시선이나 심경을 잘은 모르지만 삶을 읽어내는 마음의 눈, 인간에 대한 연민을 헤아려 보았다.〈삶〉은 처음부터 '묘사'를 염두에 두었다. 그런데 아무래도 잘 된 것 같지가 않다. '설명'에 머무르지나 않았는지……. 기량 탓이다. 그림을 그리거나 사진을 찍듯 확연하게 묘사하고 형상화할 수 있었으면 좋겠다.

글을 써놓고 보면 무겁다. 짙게 내려앉은 하늘빛이거나 추적추적 비 내리는 저물녘 같은 분위기이다. 읽혀지는 무거움은 천근이고 행간에 배어 있는 무게는 만근이다. 그 결함을 줄이기 위해 많이 애쓰고 있다. 진부하다고들 하지만 승화된 결말 이른바 행복한 끝맺음을 이끌어내곤 한다. 건강한 주제 즉 가슴을 울리는 메시지를 지녀야하는 수필의 미덕 때문이기도 하지만 무거움을 감당하기 힘들어서이기도 하다.

〈자전거 타기〉, 〈꽃의 미소〉, 〈그리움의 노래, 그 집 앞〉〈9월의 비〉들이 다소 밝고 명랑한 글들이다. 〈달빛이 아니어도〉를 비슷한 의도로 써 보았다. 끝부분의 시인에 관한 두어 문장이 다시 가라앉게 만들었을 수도 있겠다. 그즈음에 들은 말이어서 걷는 동안 내내 뇌리에서 떠나지 않았기 때문에 덧붙였다. 걷고 있으면서 걸을 수 없는 사람을 생각하는 심경을 표현하고 싶었다.

이 글은 처음부터 과거 시제로 시작하였다. 과거 시제로 쓰는 것이 편하다. 중계하듯이 쓰는 것이 아니라면 글은 쓰는 순간 이미 과거사를 쓰고 있는 것이 된다. 과거사를 쓰고 있다, 그것이 진실이다. 나는 현재형 시제를 주로 취한다. 이른바 '역사적 현재'가 현장감이나 생동감을 준다고 생각하기 때문이다. 글쓰기에 있어서 시제를 적절히 운용하는 것은 상식이고 또 기술이기도 하다.

수필이 이렇게 해라 저렇게 하면 안 된다고 하는 그 모든 제약으로부터 때로는 자유롭고 싶다. 동어반복, 관념적인 낱말들, 번역형의 문장, 빈번한 접속사 등 수많은 걸림을 뛰어넘고자 한다. 그래서 이 글은 길이나 짜임새 그 밖의 무엇에 대한 예정도 없이 써 내려가고 있다.

영화배우 설경구가 텔레비전 대담프로에 나와서 말했다. 자신이 출연한 영화를 보면서 가장 난감한 것은 새로운 모습이 나오지 않는다는 점이라고. 사람들은 영화 〈박하사탕〉의 설경구를 기억하면서 〈박하사탕〉에서는 어땠는데, 로 비교 평가한다고 하였다. 그 이상이 되어야 하는 것, 새로워져야 하는 것, 그 난감함이 어찌 그만의 것이겠는가.

초고는 가슴으로 쓰는데 퇴고에 들어가면서 머리로 쓰는 글이 된다는 말이 있다. 동감이다. 가슴으로 글을 쓰고 싶다. 그 열정 때문에 몇 해 전부터 〈수필일기〉를 쓰고 있다. 말이 되지 못하고 문장으로 표출하지 못하는 정감들을 단 한 줄로 때로는 길게 풀어내고 있다. 쓰고자 하는 글의 프롤로그이거나 글을 쓰는 과정, 이미 쓴 글의 에필로그 또는 잉여의 감성을 쏟아낸 것들이다. 이 글도 그 〈수필일기〉의 한 꼭지가 되는 셈이다.

며칠 전 미용실을 나와 긴 골목을 걸으면서 했던 독백을 다시 생각한다. 고요해지자. 깊어지자. 수필 속 화자로서의 나는 그래도 조금은 고요하지만 수필 밖에 있는 실체로서의 나는 아직 그렇지 못하다. 수필적 진실과 자아의 진실에 괴리가 있기 때문일 터이다.

앞의 작품들에 '진실'이란 낱말이 있다. 이 글에서도 같은 말이 거듭된다. 진실하고자 한다. 수필에게, 나에게. 그래서 끊임없이 근원적이고 본질적인 물음을 던진다. 수필쓰기는 나에게 무엇인가.

(2003)

내 가슴 속에는 강물이 흐른다

내 가슴 속에는 언제나 강물이 흐른다. 그것은 때로 서늘하게 흐르다가 아프게 뒤채기도 하고 천 길 낭떠러지를 폭포로 떨어지기도 하며 드물게는 결빙된 표면 아래 숨어서 소리죽여 흐른다.

강은 그렇듯 멈추지 않는다. 그러니까 강은 살아 있는 것이다. 강이 살아 있으므로 나도 살아 있다. 살아 있는 나는 살아 있으므로 더할 나위 없다. 그 살아 있는 내가 기쁘든 슬프든 그것은 매우 사소한 일이다.

강물이 내는 소리들을 무심히 지나치지 않는다. 듣고 느끼고 기록한다. 나의 삶은 일상적이며 평범하다. 일상은 소중하다. 먹고 살고 부대끼는 일은 절체절명의 명제인 것이다. 그런 일상 중에서 꽃이 피듯, 단비인 듯, 겨울햇살이듯 고마운 일이 글 읽기와 글쓰기이다. 읽기와 쓰기 사이를 오가며 조용하게 살아간다. 이보다 더한 복은 없으리라 여긴다.

글쓰기 곧 수필쓰기가 내 영혼의 기록이 되기를 희망한다. 온갖 생각을 끊임없이 되풀이하지만 궁극적으로는 그것이 저급하지 않은 사유의 기록으로 남기를 열망한다. 때로 나는, 다른 이들에게는 도무지 중요하지 않을 개인사를 내용으로 하는 글을 쓴다. 자기고백의 글이 수필이고 자기고백에는 대개 한恨이 배어 있기 마련인데 한은 표출되고자 하며 동시에 내밀하게 감춰져 있고자 한다. 그 상충하는 욕구 때문에 몹시도 괴로웠다.

그런 아픔은 이따금 격랑을 만들었다. 강은 밤낮으로 뒤채며 소리를 질렀다. 마침내 범람하여 쓰지 않을 수 없게 된 것이 개인사에 관한 서사적인 글들이다. 이런 글을 쓸 때마다 얼마간 난감하다. 순전히 나의 주관적인 정서 때문에 작품에 등장하게 된 인물들에 대해서 미안한 마음을 가지고 있다. 픽션이 아닌 글에 양해를 구하지 않고 등장시키는 인물들에 대해 작가는 어떤 태도를 가져야 하는가. 그것은 정당한가라는 의문을 가질 때가 있다. 하지만 진솔하여야 하고 진실해야 한다. 그렇지 못하다면 수필은 대체 무엇이란 말인가, 라고 위안을 삼는다. 아전인수식 변설辯舌일까.

그래서이기도 하고 개인적인 취향이기도 해서 나는 특별한 사건이 없는 서정적 내용의 글을 더 많이 썼다. 그 내용들은 일상에서 길어 올린 사유이거나 꽃, 산, 또는 여행지에서 만나게 된 자연물에 대한 정서를 표현한 것들이다. 외부의 충격을 내부로 끌어들이고 갈무리해서 한 편의 글로 형상화하는 작업을 계속해왔다. 말하자면 글감들을 대개 바깥 세계에서 가져온 셈이다.

최근에는 좀 다른 욕구를 가지게 되었다. 내부에서 보다 더 절절한 진실을 이끌어내고 싶어졌는데 그 열망은 자못 강한 것이었다. 그러자면 좀 더 길고 깊은 내면조응의 시간을 가져야 한다. 그리하여 심연의 소리를 길어 올려야 하는 것이다. 그렇게 이끌어낸 내용에는 어떤 심상이 드러나게 마련인데 그것은 대개 모호하고 추상적이다. 그런 점은 비수필적이다. 이 또한 난감하지 않을 수 없다.

비수필적이라는 결함에도 불구하고 마음의 정황을 그대로 옮기고 싶었다. 진정 그리하고 싶어 했다. 그 결과물이 괜찮은 글이 되지 못할지라도 내 영혼의 기록은 될 것 같기 때문이다. 서술의 기법으로 '의식의 흐름'을 염두에 두었으나 의도대로 되는 것 같지는 않다. 의식의 흐름을 자연스럽게 따라가며 기술記述하는 능력이 부족함을 절감하였다. 하여 그제나 이제나 그게 그것인 글을 쓸 수밖에 없다. 그것이 한계이다.

영화〈박하사탕〉의 주인공처럼 이즈음에 와서 나는 돌아가고 싶다는 생각을 참 많이 한다. 그것은 어떤 시점時點이기도 하고 지점이기도 하다. 불현듯 꼬맹이로 거슬러 올라가고 싶고, 내내 고향으로 돌아가고 싶어 한다. 잃어버린 순수와 고요가 그리운 것이다. 나이 들면서 그 절심함이 더하여 자연스레 그러한 내용들이 최근의 글감이 되곤 한다. 진부하다는 생각이 없지 않지만 그게 진실이다. 또 하나 마지막까지 잃고 싶지 않은 것은 서정성이다.

마음이 어떠하든 또 글이 무엇을 말하려했든 내 기쁨과 슬픔에는 언제나 세상 한 귀퉁이가 들어 있다. 내가 그리고 내 글이 세상을 위해 한 푼어치의 배부름이나 따뜻함이 될 수 없다할지라도 나는 사람 때문에 웃고 세상 때문에 운다. 그러니 내 글이 어떤 내용과 형식을 가졌다 하더라도 그것은 전적으로 내 정서의 소산물이다. 그것으로도 충분히 기껍다.

앉은뱅이시계의 초침소리가 크다. 밤이 깊었다.

(2005)

바다에서 1

바다에서 2

바다에서 3

바다에서 4

바다에서 5

바다에서 6

바다에서 7

바다에서 8

바다에서 9

바다에서 10

바다에서 1

- 빛과 어둠

끝이 보이지 않는 바다와 마주섰다. 아침햇살이 비단 폭처럼 수면에 내려앉는다. 어깨 위에 쌓인 피로를 발끝에 스러지는 파도의 포말 위에 내려놓는다. 열려진 바다는 방금 내가 내려놓은 피로를 받아 안고 먼 바다로 실어 나른다. 겨울, 서성이는 나그네의 한숨을 바다는 큰 폭으로 안아 들인다. 파도의 끝없는 생성과 소멸을 보면서 인간의 생명이 유한하다는 것에 새삼 안심을 한다. 마냥 죽지 않고 산다면 무엇에다 가치를 부여하고 살 것인가 걱정이 되기 때문이다.

엊저녁은 잠을 이루지 못했다. 모래톱 위에 부서지는 파도소리가 베갯머리로 올라오더니 나중에는 귓속에서 철썩였다. 집을 떠나온 것이다. 떠난다는 것이 얼마나 어려운 일인지…. 잘 그려진 수묵화의 여백 같은 빈 자리가 나에겐 없다. 편안히

숨결 가라앉힐 수 있는 여유가 없다. 그렇다고 늘 먹기 위해서 쫓기며 사는 것도 아닌데 온몸에 주렁주렁 달고 다니는 아집들을 털어 버리지 못하는 까닭이다.

일상에 젖은 둔한 감각으로 피로나 권태조차 감지하지 못하고 살아가다가 어느 날 문득 삐걱거리며 뒤뚱거리는 자신을 발견하게 된다. 그런 날은 살림살이 정리를 한다. 찬장의 그릇들을 다시 챙기고 장롱을 열어 거풍도 시키고 책상 서랍에 아무렇게나 들어 있는 메모지, 풀, 볼펜들을 가지런히 정돈한다. 그런 다음 벽에다 등을 기대고 다리를 쭉 펴고 앉아 읽고 싶은 책을 읽으며 스스로 침잠해 본다. 이런 여유도 좀처럼 생기지 않는 나날이 꼬리를 물고 이어지면 바다가 보고 싶어진다. 그러나 바다를 만나게 되는 행운은 그리 쉽게 잡히지가 않는다. 대체로 제풀에 꺾이고 만다.

어제는 모처럼 틈이 생겼다. 기꺼이 동행해 주는 남편을 고마워하면서 일상의 터널을 빠져나온 것이다. 차창으로 비어 있는 들판과 잔설이 희끗희끗 덮여 있는 겨울산을 바라보면서 평화로움에 젖어드는 사이에 어느덧 동해안에 접어들었다. 남호 바다는 언제 보아도 친근하다. 바다에 화려함이나 소박함이 있을까마는 남호 앞바다는 소박한 느낌을 준다. 항구 도시의 번잡함이 없고 이름난 해수욕장에서 보는 넓게 펼쳐진 모래밭이 없다. 야트막한 모래톱에 바닷물이 넘실대다가 금방 어느 순박한 아낙네의 부엌에까지 밀려들 것 같은 꾸밈없는 해안이다.

겨울 해는 무척 짧았다. 세찬 바닷바람에 쫓겨 해변에 있는 찻집으로 몸을 숨겼다. 유리창 하나를 사이에 두고 바다와 마주앉아서 소나기처럼 내리는 어둠을 바라보았다. 어둠은 빛과 흡사하였다. 빛 다음에 어둠이 묻어오고 어둠의 꼬리에서 빛이 퍼진다. 어둠은 글자 그대로의 의미를 담고 있다. 모든 칙칙함과 구겨짐을 내포하고 있다. 질병 · 고통 · 증오 · 죄악이 어둠이다. 빛은 건강이며 환희이며 무엇보다 사랑이다.

어둠은 힘든 일상이 빚어내는 피로이며 권태이며 긴장이다. 그리고 빛은 휴식이며 도약이며 이완이다. 숲 속에서 길을 잃고 헤매다가 멀리서 가물가물 새어드는 불빛을 발견했을 때의 환희가 어둠이 가져다주는 빛의 기쁨이다. 힘든 노동 후에 취하는 휴식이 또한 그것이다. 몸과 마음이 조여들 만큼의 긴장이 있은 뒤에야 비로소 기지개 같은 이완을 맛보게 되는 것이리.

나는 지금 그런 이완 중에 있다. 느긋한 마음으로 모래에 발을 묻고 서 있다. 파란 돌멩이 하나를 주워 본다. 은은한 비취 빛깔이다. 손바닥에 놓고 자세히 보니 돌멩이로 보일만큼 닳고 닳은 유리조각이다. 어느 상점의 선반에 있다가 오래 전에 바닷가로 옮겨져 나온 음료수 병조각이리라. 바닷물자락이 밀려올 때마다 깎이고 깎여서 지금은 예쁜 보석 모양을 갖추었다.

삶의 모퉁이를 돌아갈 때마다 예기치 않은 어려움을 만나면서 나도 유리조각 마냥 깎이고 닳은 인생을 살고 있다. 그러나 보석 같은 빛깔을 갖추기에는 자신과의 싸움이 아직 많이 부족

하다. 유리 보석을 주머니에 넣고 해안을 따라 걷는다.

파도가 우르르 몰려오더니 바위에 부딪치면서 하얀 물기둥이 되어 일어선다. 나도 발꿈치를 들고 낮은 키를 조금 올리는 시늉을 해 본다. 바다는 피로와 무기력에서 나를 일어나게 한다. 가슴 속에 응집된 독소들을 아무리 풀어놓아도 담담하게 받아주는 바다는 고맙다. 이렇게 짧은 여행이나마 할 수 있는 여유가 내게 주어지는 것은 더욱 고맙다. 할 수만 있다면 바닷바람 한 줄기와 파도 한 자락을 주머니에 넣어서 돌아가고 싶다.

(1989)

바다에서 2

– 고요

자정이 막 지났다. 커튼을 젖히고 밤바다를 내다본다. 파도는 쉼 없이 우르르 몰려왔다가 모래알을 한 입 물고는 다시 먼 바다로 향한다. 어둠이 켜켜로 쌓인 바다 저 멀리 오징어잡이 배가 밝혀 놓은 빛이 두어 점 보인다. 하나의 빛을 만들기 위해서는 어둠 하나를 태워야 하리라. 빛은 꿈이며 희망이다. 만선을 꿈꾸는 어부의 희망이 밤새 잠들지 못하고 등불이 되어 타고 있다.

땅이 끝나는 곳에 와 있다. 바닷가의 어느 호젓한 집이다. 깊을 대로 깊은 밤, 파도소리에 잠을 이룰 수가 없다. 사위가 적요하다. 파도소리는 이 고요를 조금도 방해하지 못한다. 다른 모든 소리가 정지된 시각에는 파도소리가 오히려 고요에 보탬이 되는가 보다. 이 고요의 한 가운데서 홀로 원고지를 펴 들고 있다. 참 고마운 일이다.

집에서도 가끔은 고요함 속에 홀로 침잠하기도 한다. 일부러 시간을 내어서 여기 바닷가에까지 달려오지 않아도 그만이다. 일상이 맞물린 톱니바퀴처럼 순조롭게 돌아 주는 것은 여간 다행한 일이 아니다. 그것이 곧 평화이며, 평화가 깨어지지 않는 것이 가장 크고 깊은 고요함이다. 그럼에도 불구하고 나는 일상의 틈바구니에 꼭 끼여서 옴짝달싹하지 못한다고 속으로 비명을 지르곤 한다. 언제나 같은 무게의 삶이 같은 속도로 나를 옭아맨다고 생각하였다. 나를 옭아맨 힘겨운 삶의 밧줄을 끊어 보겠다고 벼르고 별러서 이르는 곳은 항상 여기다.

길 떠나는 일이 내게는 익숙하지 못하다. 낯선 풍광 속에 선뜻 발을 들이지 못한다. 이따금 나는 거의 우연인 것처럼 어떤 낯선 풍경 속에 들어간다. 거기서 다행히 마음의 평화를 얻게 되면 좀체 다른 곳을 생각하지 않는다. 이 친화력은 매우 강한 것이어서 나는 신선하고 다양한 것을 추구하는 여행의 효율성을 얻지 못하게 된다. 벌써 열 번도 더 온 목적지를 향해서 오늘도 집 앞 골목처럼 낯익은 길을 달렸다. 마치 내 소유의 별장이기라도 한 것처럼 예의 그 집으로 와서 잠을 청하고 있다.

모든 소리―파도소리를 제외한―가 겹겹의 어둠에 묻혀 버린 이런 시각에 깨어 있는 것은 대단한 행복이다. 어둠 저쪽에서 파도는 연신 몰려온다. 파도는 같은 몸짓을 끝없이 되풀이한다. 태초의 혼돈에서 육지와 바다로 나뉘어 질 때부터 바다는 영원히 멈추지 못하는 슬픔을 떠안았는가 보다. 까마득한 옛날에는 하나였던 자신의 분신인 육지를 향해 밀려오고 또 밀려온다. 통곡한다. 파도가 오가는 것을 육지는 탓하지 않는다. 침묵한다. 이미 가슴이 식어버린 연인에게 애원하듯 파도는 대지의 품에 안기려고 부질없는 몸짓을 한다. 파도의 거듭되는 몸짓은 시지프스의 형벌을 닮은 것 같기도 하다. 거듭됨의 의미를 나는 얼마나 깊이 인식하고 있을까. 파도소리를 들으며 새삼스레 가늠해 본다.

어느 날 갑자기 내 삶에서 평화가 유리그릇처럼 깨어질 수도 있다. 그때 비로소 알게 되리, 눈이 번쩍 뜨이고 몸이 퉁겨 오를 만큼의 일이 일어나지 않는 것이 엄청난 복이란 것을. 산더미처럼 느껴지던 일상의 일들이 나를 옥죄고 있다고 생각했지만 그것은 다름 아닌 귀한 평화라는 걸 깨닫게 되리라.

새벽 두 시, 잠들지 못하고 있는 나의 귓전에 키를 세운 파도가 산이 무너지는 듯한 소리로 달려온다. 파도의 반복되는 몸짓 앞에서 생각에 잠긴다. 바다는 그 심연에 가늠할 수 없는 열정을 품고 있다 해도 날마다 비슷한 정도의 몸짓을 한다. 나는 소망한다. 내 삶의 작은 돛배가 거센 풍랑에 휩싸이지 않기를.

해안 여기저기에 웅크리고 앉은 바위에 하얗게 뒤덮였던 갈매기 떼를 바라보며 가슴 가득 신선한 기쁨이 고였던 것은, 그릇 속의 물에 결 고운 무늬가 잠시 번진 격이다. 그리고 지금, 오징어잡이 배의 등불을 바라보며 고요함에 젖어드는 일은 내게 주어지는 덤의 복이다. 평범한 일상 속에서 내가 누렸던 고요는 여기 또 다른 깊고 커다란 고요 속에서 더욱 값지게 느껴지는 것이다.

잠시 눈을 붙이고 동해의 아침햇살 아래 꽃처럼 하얗게 피어날 갈매기의 날갯짓을 보리라. 그리고 중심이 얕고 둘레가 크지 않아서 곧잘 쏟아지고 말 것 같지만, 실은 단단한 응집력을 가진 내 고요한 일상으로 돌아가리라.

(1990)

바다에서 3

– 갈매기

한낮, 햇살에 부신 눈으로 바라보니 틀림없는 꽃섬이다. 하얀 꽃이 만발한 꽃밭이다. 해안의 나지막한 바위가 갈매기로 하얗게 뒤덮인 것이다. 갈매기들은 바위에 빽빽이 모여앉아 저희들끼리 비비적거리고 있다가 앉은 자리에서 날개를 털기도 한다. 서너 마리의 갈매기는 방금 떠올라 수평으로 날기 시작하고 또 다른 몇 마리는 바위에 내려 앉아 날개를 접는다. 잠시 바라보는 동안에도 끊임없이 날아오르고 내려앉는다. 그때마다 하얀 꽃 몇 송이가 꽃잎을 열고 닫는다.

감포에 이르면서 차창밖에 펼쳐진 수평선을 보았다. 언제 보아도 경이로운 기쁨이 차오르는 바다다. 바닷바람에 실려 오는 해송의 짙은 향내가 싱그럽다. 소금끼 묻은 바다 냄새와 솔 냄새에 닫힌 마음도 스르르 열린다. 언제나 검푸른 얼굴의 바다지만 닿을 때마다 그 정감이 새롭다. 바다와의 만남은 거듭되어도 전혀 싫증이 나지 않는다. 늘 그립고 또 달려가서 그 품에 안기고 싶은 소망을 떨쳐낼 수가 없다.

서럽던 일, 어깨를 짓누르던 일들을 한 보따리 풀어 놓고 무한대의 바다와 마주하고 서 있다. 바다는 헤아릴 수 없는 깊은 눈으로 나를 보아주는 것이어서 맺힌 마음이 금방 녹아버린 듯 흔적 없어지는 것이다. 사람 속에서 사람이 그립다고 하는, 혼자서나 여럿이서나 마찬가지로 서투르기만 한 작은 내 모습을 바다는 한눈에 알아보고 위로해 준다.

한 떼의 갈매기가 날아오른다. '끼룩끼룩' 그 소리를 흉내 내기가 쉽지 않다. 또 한 무리의 갈매기들은 한 바퀴 낮게 선회한 뒤 자맥질을 한다. 언젠가 자동차로 해안을 달리면서 가까이에서 날고 있는 갈매기를 사진기에 담은 적이 있다. 갈매기들의 멋진 활공을 찍고 싶었는데 나중에 보니 희끗희끗한 점으로 나타나서 아쉬워했었다.

갈매기의 비상과 하강에 넋을 잃고 있는데 몰려오는 파도가 날선 바람을 부려 놓는다. 머플러를 풀어서 머리에 두르고 옷깃을 여미며 몸을 웅크린다. 견딜만하다. 만나기 쉽지 않은 바다와 해안에 묶인 낡은 배들과 바닷새, 그 어느 것에서도 눈을 떼고 싶지 않다. 바다 풍경에서 갈매기를 빼면 얼마나 적막할까. 아득히 수평선에 떠 있는 고기잡이배와 넘실대는 파도의 원근 구도에다 종횡으로 나는 갈매기를 그려 넣지 않는다면 어찌 완성된 풍경이라 할 것인가.

갈매기가 있어서 나그네의 발길이 뜸한 겨울에도 바다는 쓸쓸하지 않다. 해안에 무리지어 있는 갈매기 떼의 모습이 먼 곳에서 흘러든 나그네의 눈에는 환한 바다꽃으로 보인다. 그런 바다꽃을 바라보는 나그네도 쓸쓸함을 잊는다.

끊임없이 날아오르고 날아들지만 자세히 보면 그게 그것이다. 갈매기도 사람처럼 제 텃밭을 떠나지 못한다. 언뜻 리처드 버크가 쓴≪갈매기의 꿈≫의 '조나단 리빙스턴 시걸'을 본 것 같다. 한없는 자유를 꿈꾸고 자유가 존재의 본질이라고 외치며 오직 더 멀리 더 높이 더 빨리 날기를 원하는 위대한 갈매기 조나단이 저 무리 안에 있을지도 모른다. 하지만 대부분의 갈매기는 일정한 테두리 안에 머물기를 바란다. 자유는 제한되지만 속박에는 일종의 안락함이 있다. 성취하지 못해도 그만이고 상처받지 않아도 좋은, 적당히 포만한 삶을 살 수가 있어서 좋을지 모른다. 다양한 삶의 방식 중에 어떤 것을 선택해서 살아갈 수밖에 없는 건 갈매기나 사람이나 마찬가지란 생각이 든다.

"엄마, 여기 갈매기가 죽었어!"

혼자 생각에 잠긴 동안 어부 박씨 아저씨 집에서 놀던 아이들이 나왔나 보다. 아이들의 발치에 죽은 갈매기 한 마리가 배를 드러내고 있었다. 갈매기의 주검은 박제마냥 건조해 보였다. 죽은 지 여러 날이 지났는지 두 눈이 패여 있었다. 아름다운 두 날개로 활공을 하고 더러는 수면을 미끄러지며 먹이를 찾기도 했을 갈매기의 주검을 보니 무릇 생명의 덧없음을 보는 것 같아 슬퍼진다.

갈매기를 묻어 주겠노라고 작은 아이가 한쪽 날개를 쥔다. 뚜둑 깃털 몇 개가 부러진다. 담벼락에 놓고 돌로 모래땅을 파노라니 아저씨가 모래흙을 한 삽 퍼내어 주면서 말한다.

"갈매기가 고마워 할 거야. 갈매기도 생각이 있는 동물이란다. 먹이를 발견하면 소리를 질러 친구들에게 알려 나누어 먹을 줄 알고, 조개 같은 딱딱한 것은 바위에 떨어뜨려 껍질을 깨어서 먹을 만큼 꾀도 있단다."

이야기를 듣는 두 아이의 눈빛이 반짝인다.

나도 내 방식대로의 물갈퀴로 삶의 바다를 서투르게 헤엄치고 있다. 시행착오를 거듭하면서, 때로는 속박을 벗어나서 갈매기처럼 날아가고 싶어 하고 가끔은 제한된 둘레 안의 화평에 눈물겨워 한다.

수평선 저 너머 구름 띠에 주홍빛 물이 든다. 그 풍경 속에 아직도 하루 분의 삶을 열심히 엮는 갈매기 한 떼가 날고 있다.

(1993)

바다에서 4

– 남호

이 작은 바다는 필경 무한의 세계로 열려 있으리라. 열려 있음이 좋아서 나는 달려온다. 일탈을 꿈꾸며 찾아오는 바다, 남호. 삭아 끊어진 그물의 조각들, 말리다가 흘려 놓은 해초의 찌꺼기들이 거무죽죽하게 널브러져 있는 보잘것없는 모래톱과 몇 개의 작은 바위를 가진 나의 바다, 남호.

나는 여기를 주제넘게도 나의 바다라고 이름 지어 놓았다. 한 해에 서너 차례, 그래서 이젠 헤아릴 수도 없이 많이 달려온 까닭에 나는 이 바다에 남다른 애정을 갖게 되었다. 연인처럼 보고 싶고 어머니 품인 듯 안기고 싶다. 오랜 벗인 양 내밀한 얘기도 꺼내놓고 어깨에 얹힌 무거운 짐도 좀 맡아달라고 부탁한다. 남호 바다는 그런 나를 받아 준다. 마주 바라보고 있으면

"그래, 그래…."

발치까지 다가와서 파도의 목소리로 대답해 준다. 반갑고 고맙다.

"날을 잘못 받았니더."

아주머니가 와서 감기 들겠다고 집으로 들어가고자 한다. 비가 부슬부슬 내리고 있다. 바람이 차다. 하늘도 바다도 먹빛이다. 지난겨울에 갈매기가 꽃무더기처럼 앉아 있던 바위는 비어 있다. 그래서인지 해안은 쓸쓸해 보인다. 이번에는 내가 위로할 차례다. 그런 마음으로 짧은 해안을 몇 번이고 오락가락하면서 서늘함을 견딘다.

대게 먹으러 가자고 야단들이다. 대게라니, 바닷가에서 나는 잘 먹지 않는다. 먹을 겨를이 없기도 하고, 먹고 싶은 마음도 생기지 않는다. 연인을 만난 듯 다른 것에는 영 마음이 가지 않는 까닭이다. 아무튼 따라 나선다. 자동차로 십여 분 올라가니 '영덕 대게'라고 빨간 글씨를 써 붙인 트럭이 보인다. 짐칸을 주방으로 꾸며 놓고 한쪽 옆구리를 터서 연결된 공간에는 탁자도 몇 개 놓여 있다. 그 위로 천막을 쳐서 그런대로 모양을 갖춘 간이식당에는 젊은 남녀 한 쌍이 먼저 와서 게를 먹고 있다.

그 유명한 영덕 대게, 넓적한 등딱지와 다섯 쌍의 긴 다리를 가진 당당한 풍채가 명물의 품위를 보여 준다. 먹기 편하도록 아주머니가 가위질을 한다. 살이 통통하게 밴 대게는 참 맛이 있다. 천막식당의 바다 쪽 면이 투명한 비닐로 되어 있어서 좀 흐리긴 해도 바다가 내다보인다. 최초의 생물이 바다에서 나왔다 하여 모든 생물의 고향이라고 하는 바다, 대게의 고향이기도 한 바다를 내다보며 대게를 먹고 있는 내 모습은 과연 이 해안에 어울리는 풍경일까.

나는 세계의 바다를 다 만나지 못한다. 좀처럼 여행할 기회를 얻기 힘든 형편 때문에도 그렇고 멀미가 심한 편이어서 멀리 가기에 맞지 않은 탓도 있다. 대륙은 여럿이지만 바다는 하나다. 대륙이 제아무리 크다 해도 바다의 눈으로 보면 섬일 뿐이다. 바다는 대륙을 안고 있다. 그 만큼의 넓이와 깊이를 가지고 있다. 영겁의 세월을 가득 차 있으면서도 넘치지 않는 바다를 보면 티끌처럼 날려 다니는 내가 부끄럽다. 그렇듯 느긋하고 듬직한 바다도 때로는 무섭도록 화를 낸다. 자애롭게 넘실거리던 얼굴이 일그러져서 해일이 된다. 파괴한다. 대자연의 위력을 여지없이 드러낸다.

남호는 그 바다에 이르는 작은 시작이다. 그러므로 여기에 발을 딛고서도 나는 세계의 바다를 본다. 순박하고 후덕한 박씨 아저씨와의 인연이 이곳을 자주 찾게 만들었다. 그 사이에 사람과 정들고 바다와 정들었다. 다듬어지지 않은 남호의 해안은 박씨 아저씨의 주름진 얼굴과 닮았다. 편안하고 따뜻하다. 그래서 때아니게 추운 날씨지만 시간이 멈추기를 바랄만큼 해안에 머무는 것이 좋다.

나는 또 욕심이 생긴다. 돌계단 옆에 고슬고슬 살아 있는 채송화 모종을 몇 점 달라고 한다. 뿌리 부분을 감싼 흙이 떨어져나가지 않도록 마음을 쓰면서 아주머니는 채송화와 봉숭아를 비닐봉지에 담는다. 바닷가의 흙과 해풍, 바다에 내리는 햇볕으로 자란 꽃모종을 내게 건네주면서 아주머니는 환하게 웃는다. 오래 전에 가신 어머니의 얼굴이 겹쳐 보인다.

돌아설 수밖에 없다. 더러는 하룻밤 지내기도 하는데 오늘은 그렇지도 못하다. 해저물녘의 바다를, 나의 바다 남호를 두고 떠난다. 마주 서 있던 시간에 느낀 기쁨은 바다만큼 크다.

그 넓이 그 깊이 그 열려 있음을 다 알아듣지 못해도 그는 나를 죄다 보았다. 내가 또 달려가면 그는 나를 변함없이 맞아줄 것이다. 그날을 기다린다.

(1995)

바다에서 5

- 새 발자국

이른 아침의 바다는 조용하다. 작은 배 한 척도 보이지 않고 몇 마리 갈매기만 비상과 하강을 거듭한다. 수평선 주위로 물안개가 자욱하다. 태초의 혼돈에서 하늘과 땅을 나누고 물과 뭍으로 가른 후에 하느님 보시기에 좋았다는, 아득한 그때에 내가 서 있는가도 싶다.

해는 벌써 떠올라 수면에 드리워진 보랏빛을 걷어내고 있다. 늦잠 때문에 해돋이를 놓치고 말았다. 그 서운함을 달래느라고 바닷물에 발을 적신다. 편하게 입은 긴치마를 종아리까지 걷어 올리고 한동안 파도와 장난을 친다. 바다 쪽으로 몇 걸음 나서다가 파도가 몰려오면 도망치기를 반복한다. 치마끝이 다 젖는다. 얼마 만인가, 이토록 조용한 아침 바다. 발을 통해서 전신에 번지는 바닷물의 감촉에 가슴도 뇌리도 깨끗이 씻기는 듯하다.

해안 저 끝에 낚시꾼이 앉아 있다. 그 쪽으로 걸어본다. 방금 시작한 건가, 낚시꾼의 함지박은 비어 있다. 공연히 낯선 사람의 주변에 얼찐거리는 것 같아서 하릴없이 돌아선다. 해안을 걷는다. 맨발로 걷는다. 발가락 사이를 비집고 올라오는 모래가 부드럽다. 구름 위를 걸으면 이럴까, 폭신하다.

뒤돌아보니 발자국이 길게 이어져 있다. 모래톱에 와 부서지는 파도의 포말을 피해가면서 걸었더니 발자국들이 비뚤비뚤 연결되어 있다. 이렇듯 고르지 못한 흔적도 그런 대로 보기에 좋다. 마음 가는 대로 발 가는 대로 걷는 자유로움을 한적한 해변에서 만끽한다. 도심지에서는 물론 이렇게 걸을 수가 없다. 이 아침, 나의 행로에는 아무런 거리낌이 없다. 그것이 좋아서 혼자 웃는다. 혼자 웃어도 이상할 것 없으니 참 편안하다.

그러다가 문득 멈춰 선 채로 바로 뒤에 따라오는 두 개의 발자국을 본다. 그 뒤, 그 다음 뒤의 것도 유심히 본다. 발바닥 모양이 뚜렷하게 패어 있다. 발가락들도 다섯 개의 차츰 작아지는 점들로 나타나 있다. 그런데 발바닥 문양 곁에 티가 보인다. 발꿈치께에, 발가락들 주위에 따로 작은 모래 뭉치들이 튀어 있다. 바닷물이 쓸고 간 모래밭은 표면이 그야말로 은빛 비단을 깔아 놓은 듯 정갈하다. 그 위에 찍힌 발자국과 걸음을 떼면서 튀어 오른 모래알갱이 뭉치들……. 방금 편안하게 웃음 지었는데 가슴에 일순 서늘함이 와 닿는다.

이토록 말갛게 씻긴 모래톱이 내게 주어진 시간의 폭과 길이 같다는 생각이 든다. 나는 그 위에 비뚤비뚤한 발자취를 남기며 오늘에 이르렀다. 돌아보았을 때 멀리 보이는 자국부터 바로 뒤에 것까지 어찌어찌 연결은 되었으되 주변에는 여기저기 오점이 보인다. 내 한살이가 이것과 무엇이 다르겠는가.

오래 전, 산사에서 밤새 내린 눈 위를 설레는 마음으로 걷고 난 후에 보았던 흔적도 이랬었다. 그때, 어떤 깨끗함을 어지럽혀 놓았다는 느낌을 받았다. 뭔가 확연하진 않았지만 오늘과 비슷한 생각을 했었다.

다시 걷는다. 조금 전까지 혼자 뚝 떨어져 앉아서 바다를 바라보며 명상에 잠겼던 한 친구가 나를 보더니 수로 부인이 물에서 걸어 나오는 것 같다고 한다. 당치도 않게 수로 부인이라니. 우스갯소리를 주고받는데 그 곁에서 다른 친구가

"이것 좀 봐!" 높은 목소리다.

누군가 모래성 쌓기 놀이를 한 것일까. 성곽 같기도 하고 산맥인 것도 같은 높고 낮은 모래 더미 위에 새 발자국이 나 있다. 가늘고 짧은 세 개의 발가락이 가운데로 모이면서 마름모꼴을 하고 있다. 자국들은 이리저리 이어져 곡선을 그리고 있지만 흐트러짐이 없는 걸로 보아서 한 마리였음이 분명하다. 아직 사람이 나오지 않은 이른 시각이었을까, 혹은 어젯밤이었을까. 갈매기 한 마리가 호젓하게 산책을 한 게다. 생각에 잠겨 걷고 있는 한 마리 갈매기의 모습을 그려본다. 그래, 무슨 생각

을 했을까. 자신의 삶이라도 반추해 본 것일까. 이렇듯 또렷하고 긴 새 발자국의 선線을 보게 되다니, 모래 위를 걸으면서 여느 때와 다른 생각을 한 끝이라 예사롭지가 않다.

새는 그 이름이 지닌 느낌처럼 정말 가벼운 존재인가. 그토록 가벼워서 발자국에도 군더더기 하나 남지 않은 건가. 아니면 머리부터 발끝, 그 속까지도 더러움 타지 않은 깨끗한 존재인가. 그래서 티 하나 없는 발자국을 남기는가. 그러하리라. 자연에 순응하면서 타고난 복대로 살고 죽는 새에게 무슨 무거움이 있고 추함이 있으랴.

두 존재가 만든 흔적 사이에 놓인 괴리를 나는 어쩌지 못한다. 이미 만들어져 버린 삶의 발자취를 어쩔 수가 없다. 다시 기회가 주어져서 새로이 걷는다 해도 지금까지와 크게 다르지 않을 것이다. 군더더기 없고 티 없이 선명한 자취를 나는 만들지 못한다. 그것이 나의 한계다. 올곧은 직선이거나 매끈한 곡선도 되지 못한데다가 군데군데 잡티까지 있는 내 삶의 궤적을 그대로 수용할 수밖에 없다. 있는 그대로의 나를 인정하고 사랑한다. 나는 너무나 불완전한 존재이기 때문이다.

이른 아침, 바닷가 모래 위에 곱게 새겨진 새의 발자국은 나에게 무언의 화두를 던진다.

(1996)

바다에서 6

1

바닷물의 빛깔이 하루에 여덟 번 바뀐다고 한다. 내가 보기엔 그 이상일 것 같다. 쪽빛인가 하고 보면 금방 짙은 녹색으로 보이고 투명한 초록빛을 띠다가 어느새 연둣빛으로 변한다. 손을 내리면 바로 손끝에 닿을 만큼 가까이 있는 수면은 맑고 생동감이 넘친다. 필리핀의 전통 목선 '방카'를 타고 세계에서 가장 아름다운 해변을 가졌다는 보라카이섬을 향하고 있다.

배가 작고 낡아서 안전이 염려되었는데 타고 보니 기우였다. 방카는 작은 몸체의 양 옆구리에 굵지 않은 통나무를 여러 개 붙여서 무게 중심을 잡도록 만들어져 있었다. 배는 한 마리의 거미처럼 보인다. 열악하지만 나름대로의 지혜가 엿보이는 구조다. 그 배 위에서 튀는 물살을 온몸으로 받으며 사위의 바다를 둘러본다. 바다는 움직이고 있다. 끊임없이 꿈틀대고 있다. 동적인 바다, 물너울을 만들면서 작은 배를 흔들어대고 있는 이 바다에서 나는 살아 있는 기쁨을 누린다.

내가 있는지, 잘 살고 있는지 모르고 사는 날들이 많았던 것 같다. 타성에 젖어서 또는 일상의 자잘한 불만을 부풀리면서 살아오는 동안 내 삶은 생기를 잃고 정체되었던 게 아닐까. 그래서 작지만 소중한 기쁨들을 공중에 흩어버린 것은 아닐까. 살아있는 바다에서 살아 있는 내가 생각에 잠긴다. 그 이상의 환희는 또 어디에 있겠는가. 내게 있는 모든 좋은 것—가족, 사랑, 건강, 이성과 감성까지—에 감사하고, 좋지 않은 것—질병, 그날그날의 피로, 크고 작은 갈등—도 껴안으며 살아야겠다.

뭍이 가까워 온다. 짙푸른 야자 숲 속에 언뜻언뜻 지붕들이 보인다. 이국 풍경이라 신비롭고 바다에서 바라보는 뭍이라 새롭다. 문득 세계는 하나의 길로 연결되어 있다는 생각이 든다. 바다에서 뭍으로 뭍에서 바다로. 이 출렁거리는 생동감을 뭍으로 가져가야지. 또 바다를 지나 집에까지 가져가서 축 처진 채 살고 있는 스스로에게 한 바가지의 찬물처럼 끼얹어야겠다.

2

산호가 부서지고 또 부서져서 하얀 가루가 되었단다. 처음

밟아보는 산호모래는 보드랍기가 비단결 같다. 그 감촉이 좋아서 지루한 줄 모르고 걷고 있다. 외국인 남녀 한 쌍이 조깅을 한다. 나도 뛴다. 그러고 보니 뛰는 사람이 한둘이 아니다. 숨이 차고 다리가 아파서 돌아보니 꽤 멀리 왔다. 해변에 앉아서 하얀 모래가 잔뜩 묻은 맨발을 주무른다. 어느 문우가 맨발의 자유로움에 대한 수필을 썼었다. 그 마음을 알겠다.

습윤한 바닷바람을 맞으며 앉아 있노라니 어느새 해가 저무는가 보다. 연녹색 바다가 선홍빛으로 물이 든다. 낙조가 아름답다는 말은 많이 들었지만 나는 아직 서해의 낙조도 본 적이 없다. 이 무슨 행운인가. 오늘 세계에서 가장 아름다운 해변에서 일몰을 보게 되다니. 하늘과 해와 구름띠가 한가지로 붉은 빛이다. 한 뼘 한 뼘 해는 내려서고 있다. 맨 아래 호弧가 수면에 닿아서 조금씩 잠기는가 했더니 마침내 조그마한 점이 되어서 소멸하고 만다. 불과 몇 분만의 일이다. 이제 저 남은 빛마저 사위고 나면 바다에는 어둠이 덮이겠지. 그토록 뜨겁고 환하던 빛도 일순 스러지고야 만다. 해 저무는 바다는 적막해 보인다. 낙조는 아름답지만 쓸쓸한 것이구나. 한 생애의 영광도 그렇겠거니 부여잡고 있는 숱한 애착들은 다 무엇이란 말인가. 황혼에 이르신 분들의 쓸쓸함을 감히 짐작해 본다.

뭍에서 바라보는 바다는 정적이다. 배를 뒤흔들던 파도는 여전할 터인데 멀리서 바라보니 아주 잔잔하다. 정적인 바다, 그 함묵의 표정도 좋다. 세월의 비바람 거센 파도 다 견디고서야 지을 수 있는 저 깊은 표정에 외경이 생긴다.

바다를 좋아해서인가. 움직이는 바다는 젊어 보여서 좋고 조용한 바다는 기품 있는 어르신을 뵙는 것 같아서 좋다. 출렁거리는 생동감을 내 삶의 한복판으로 가져가겠다고 했다. 가지고 갈 것이 또 있다. 깊고 침착한 저 바다의 표정이다.

낯선 바다의 작은 목선에서 뭍을 바라보고 또 그 해안에서 바다를 바라보면서 시간도 잊고 보낸 하루가 이제 막 깃을 접는다. 예서나 제서나 나는 여전히 나일 뿐이다. 스스로의 모자람을 채우기 위해 이 생각 저 생각도 해 보는 것이지만 언제나 확실한 것은 나는 여전히 그 바닥이 보이는 얄팍한 사람이라는 사실이다. 그럼에도 불구하고 나는 행복하다. 여기서 한 줌 하얀 산호모래 같은 깨끗하고 고운 의미를 캐냈기 때문이고, 무엇보다 며칠 더 바다를 볼 수 있어서이다.

모래를 털고 일어선다. 되돌아서 천천히 걷는다.

(1998)

바다에서 7

– 폐선

흐린 날씨, 하늘과 바다는 경계를 무너뜨렸다. 늦가을의 어촌은 한적하다. 그 한적함 속에 잠시 머물고 싶다. 일상의 분주함과 소란스러움을 떨어내듯 달려오지 않았던가. 자갈이 깔린 평평한 길을 몇 발짝만 걸으면 바로 모래톱이다. 바다를 향해 자동차를 세운다. 하염없이 바다만 바라볼 생각이다.

바다가 도대체 나에게 무엇이란 말인가. 왜 이 바다로 달려와야 하는가. 언제라도 그 품에 안겨서 통곡하고 싶은 어머니 같은 존재인가. 문득문득 몹쓸 그리움에 뒤채게 하는 연인 같은 대상인가. 자동차에서 내리지도 않고 그런 생각부터 해본다. 정체를 알 수 없는 이 거대한 존재를 나는 대단히 좋아한다. 언제나 거기에 있다는 확신 때문에 멀리 떨어져 있어도 마음이 편안하다. 몇 해 만에 찾아도 어제 그 모습이고 어느 해안에 닿아도 같은 반가움이다. 이토록 변치 않는 대상이 또 어디에 있을까.

멀리 작은 배 한 척이 정물처럼 떠 있다. 분명히 가고 있을 터인데 전혀 움직이지 않는 것 같다. 평화롭다. 짙푸른 파도가 키 높이로 달려오더니 모래톱에서 옥빛으로 부서진다. 이 또한 평화롭다. 바로 이 평화스러움이 좋아서 여기에 온 것이다. 잊은 듯 잘 지내다가도 마음의 평화가 깨지면 참을 수 없을 만큼 바다가 그리워진다. 바닷물에 발끝도 적시지 않았는데 나는 온통 바다에 젖은 채 해안에 서 있다.

예쁘게 닳은 돌 몇 개를 줍는다. 서재에 갖다 놓을 생각이다. 이렇게 가져다 모은 돌들이 참 많지만 그 욕심을 어쩌지 못한다. 바다와 내가 함께 있었다는, 교감하였다는 정표로 돌을 가져간다. 조금 떨어진 곳에서 한 가족이 나처럼 돌을 줍고 있다. 젊은 부부와 대여섯 살쯤으로 보이는 두 아이 그리고 바다, 정말 아름다운 그림이다. 아이들 어렸을 적 우리 가족도 이따금 저런 그림을 그렸었다. 어느새 세월이 나를 여기까지 데려왔는지.

주머니 속의 돌을 만지작거리면서 천천히 자동차가 있는 곳으로 향한다. 조금 언덕진 곳에 밭 한 뙈기 정도의 넓이로 벼가 깔려 있다. 가지런히 누워있는 벼는 거무죽죽하다. 지난 태풍에 쓰러진 것인지, 그렇다 하더라도 추수가 너무 늦다. 반쯤은 썩은 듯이 보이는 것이 아무래도 양식이 될 것 같지 않다. 한 농부에게 실패한 농사가 이것이 전부이기를…….

자동차 안에서 김밥을 먹는다. 시장에서 김밥을 사고 보온병에 뜨거운 물을 넣어왔다. 제일 간단한 방법이다. 김밥을 먹으면서 바다를 보니 참으로 느긋한 기분이 든다. 삶의 현장에서 멀리 달아나 내가 좋아하는 풍경 속에 숨어 있으니 행복하다. 나는 지금 바다와 밀회 중이다. 그 어떤 것도 이 시간에 나의 뒷덜미를 잡지는 못하리라. 자유롭고 평화롭다.

그런 생각을 하고 있는데 낡은 배 하나가 눈에 들어온다. 길 한 폭 정도밖에 떨어지지 않은, 그러니까 바로 곁에 배가 있었던 걸 자동차를 세울 땐 보지 못했다. 폐선, 제 일을 그만 둔 지 오래인 모양이다. 페인트가 거의 다 벗겨져서 붉고 푸른 색상의 흔적만 희미하게 남아 있는 배는, 그와 운명을 함께 한 듯이 보이는 그물을 가득 안고 있다. 한 무더기 억새가 그 곁에서 바람에 허연 머리칼을 날리고 있는데 그 풍경이 왠지 예사롭지가 않다.

김밥을 먹다가 낡은 배의 한 생을 생각해본다. 모든 사물엔 추억이 베어 있다고 누군가가 말했다. 저 배에게도 수많은 날들이 있었을 테지. 만선의 환희에 차서 바다를 종횡무진 누비기도 했으리라. 이제는 한 발짝 비켜서서 옛 그물과 함께 지난 날들을 조용히 회상하고 있는 듯이 보인다.

조금 전에 본 그 사랑스러운 가족이 볏단들 옆에서 점심을 먹는다. 젊은 주부가 이것저것 많이 준비해온 듯, 소풍 바구니 곁에 차려진 음식이 여러 가지다. 젊음은 역시 역동적이다. 스티로폼 도시락 속에 까맣게 두 줄로 누운 김밥과 뜨거운 보리차가 전부인 나의 오찬은 시간이 소중하다는 핑계를 대고 있다. 실은 그게 아니다. 부산하게 소풍 준비를 할만한 신명이 내게 그다지 남아 있지 않은 탓이다. 빈 시간과 공간이 주어지면 나는 그 속에 그저 조용히 있기만을 바란다. 활기찬 기쁨보다는 한적한 고요가 좋다.

저 폐선이 안고 있는 그물더미보다 더 많은 기억들을 가지고도 아직 치열한 현실의 한 가운데에 나는 발을 디디고 있다. 그래서 억새에 반쯤 가려져 있는, 이제는 영화로움도 고단함도 잊은 듯이 보이는 낡은 배가 부럽기조차 하다. 할 일을 다 했으니 얼마나 편안할까.

할 일을 다 했다, 그런 시간이 나에게 빨리 왔으면 좋겠다. 그리하여 저 작은 배처럼 삶의 뒤뜰에 앉아서 내 인생의 푸르렀던 바다를 편안하게 바라보고 싶다. 적지 않을 회한마저도 그 고요와 평화가 덮어 줄 것 같다.

(2000)

바다에서 8

– 돛배

2월의 해안, 햇살이 따습다. 수면은 금빛으로 반짝이고 파도는 나직하다. 바람도 어디론가 가버렸다. 참으로 조용하다. 오랜만에 아이들과 바다에 왔다. 더러 함께 오고 싶었지만 아이들은 주말에도 학원이다 시험이다 해서 좀처럼 느슨한 시간을 낼 수가 없었다. 오늘은 어찌어찌 시간을 만들어서 아이들 어렸을 때처럼 함께 바다로 올 수 있었다. 날씨가 좋아서 소풍의 즐거움이 더 크다.

해안은 고운 모래톱이 아니다. 자갈밭이다. 지난해 늦가을 한나절을 쉬었다 간 바로 그곳에 다시 왔다. 그날, 이 해안에 앉아서 파도가 자갈 쓸어가는 소리를 하염없이 들었었다. 좌르르좌르르 소리와 함께 굴러가는 젖은 자갈들을 보는 것이 여간 즐겁지가 않았다. 다시 오리라 마음먹었는데 생각보다 빨리, 더구나 두 아이와 함께 오게 되어서 기쁘다.

둘째가 돌을 주워서 자세를 잡더니 바닷물에 수평으로 던진다. 물수제비뜨기 놀이를 시작한 것이다. 돌은 퐁, 퐁, 퐁 세 군데를 찍으며 제법 멀리 간다. 그 모습을 보면서 제 누나가 따라 해보지만 동생처럼 되지가 않는다. 아이들의 즐거운 한때를 바라보면서 남편과 나는 보온병 뚜껑에다 뜨거운 커피를 나눠 마신다. 날씨가 화창해서인지 소풍 나온 사람들이 많다. 몇 발짝 옆에 예닐곱 명의 청년들이 물수제비 놀이를 하면서 왁자하게 떠든다. 놀이의 신명은 금방 전이되는가 보다. 둘째의 팔에 힘이 더 들어가는 것 같다.

이마에 송글송글 땀방울이 맺힌 두 아이가 곁에 와서 앉는다. 실컷 놀았나 보다. 며칠 전에 고등학교를 졸업한 딸아이를 위한 나들이인데 보람이 있다. 그 동안의 수고를 다 잊어버린 듯 아이의 얼굴은 맑다. 그저 모든 게 고맙다, 바다도 햇살도 미풍도 물에 젖은 예쁜 자갈들도. 예쁜 자갈들, 정말이지 보석 같다. 물에 젖고 햇살에 반사되어 반짝이는 돌들이 모두 보석 같다고 했지만 사실은 그 이상이다. 세상의 어떤 값비싼 보석이 이처럼 아름다우랴. 그 이름이 가진 고정 관념 때문에 사람들은 보석을 미리 아름답다고 단정해 버리는 것이 아닐까. 천년의 비바람에 씻기고 닳은 여기 이 돌들의 꾸밈없는 어여쁨, 단단함이 보석보다 조금도 못하지 않다.

눈을 가늘게 뜨고 수평선을 바라본다. 그리고 낮게 엎드려

발치까지 왔다가 돌아가곤 하는 파도의 하얀 포말을 본다. 오늘은 이토록 잔잔하지만 격랑이 되고 해일이 되는 날도 있겠지. 문득 세상을 향해 나아가야 하는 아이들을 생각한다.

"예쁜 돌 줍기 하자."

제각기 흩어져서 눈에 띄는 돌들을 줍는다. 갈색, 짙은 청색, 새까만 것, 하얀 것, 매끈한 것, 두툴두툴한 것, 동글동글한 것, 납작한 것, 다양하기 이를 데 없다. 모양이 그렇듯 그 내력 또한 얼마나 서로 다를까.

"돌탑 만들까?"

나의 제안에 모두 좋다고 한다. 맨 아래는 크고 평평한 것으로 둥글게 깔고 그 위에 차곡차곡 돌쌓기를 한다. 천천히, 미끄러지지 않게, 각도를 잘 맞춰서, 나는 기분 좋은 잔소리를 섞는다. 말은 안 했지만 예쁜 돌을 줍기 시작하면서 돌탑 쌓을 생각을 하였다. 돌탑은 신앙도 미신도 아니라는 생각이다. 그저 소망을 쌓은 것일 뿐이다. 한 개 한 개의 돌에 간절함을 담아서 얹고 또 얹어서 탑이 되는 것이다.

평온한 바다, 언제 노도가 될지 모른다. 우리의 삶도 그런 것이겠거니, 기도하는 마음이 된다. 때때로 격랑이 될지라도 끝까지 몰아치지는 말고 곧 잠잠해지기를. 되도록 많은 날들이 오늘 같아서 작은 돛배도 그 넉넉한 품에서 평화롭게 항해할 수 있기를. 작은 돛배 두 척을 세상이라는 바다에 띄우고 나는 돌탑을 쌓는다. 탑도 배처럼 작다. 지름과 높이가 오십 센티미터 정도나 될까.

햇빛이 설핏해서 일어선다. 바다에 오기를 참 잘했다. 언제라도 한 아름 생기를 안겨주는 바다, 오늘은 네 식구를 힘껏 껴안아 주었다.

(2001)

바다에서 9

– 아버지와 아들

젖은 바위에 앉아 있다. 하염없이 앉아 있다. 그토록 보고 싶었던 해넘이다. 그 시각에 거기에 있고 싶었던 오랜 바람이 이루어졌다. 이제 남은 빛마저 사위어 간다. 무슨 소중한 것을, 꿈꾸어 오던 어떤 세계를 놓쳐버린 듯 나는 바위와 함께 젖어 있다. 어둠이 시원도 알 수 없는 아득한 곳에서 조심스레 내려앉고 또 내려오고 있다. 그 어둠을 가르며 작은 배 한 척 바삐 귀항하고 있다.

멀리 달려온 나에게 해는 깊은 인상을 주고 싶었나 보다. 때마침 수평선 위에 구름 띠가 두텁게 둘러쳐져서 해는 얼굴을 내밀었다가 숨기를 거듭했다. 마침내 아름다이 해는 지고 복숭앗빛으로 물든 구름의 무리가 동에서 서로 천천히 흘렀다. 앞에는 낮은 바다 뒤에는 퇴적된 암석의 해식애, 그 풍경 속에서 저무는 해를 바라보며 영겁의 시간을 생각하고 있었다. 나 또한 풍화를 거듭한 끝에 하나의 티끌이 되어 여기에 퇴적되었으면 하였다. 그리하여 파도에 씻기고 깎이며 영원에 닿고 싶었다.

어둠과 함께 바닷가의 물기도 어깨로 마음으로 내려와서 오한이 든다. 일어서서 발을 떼는데 몇 발짝 앞에 두 사람이 보인다. 키가 후리후리하게 큰 남자 그리고 대여섯 살 쯤으로 보이는 남자 아이다. 그들은 뭐라고 얘기를 나누고 있다. 굵고 낮은 젊은 음성, 빠르고 높은 어린 목소리, 내용을 알아들을 수는 없지만 그 조화가 음악이다. 그들은 둘 다 아래위로 흰옷을 입었다. 밤바다의 먹빛과 대비되어서 신비한 흰빛으로 보인다.

발밑에서 부서지는 파도소리만 들릴 뿐인 이 검은 바닷가에서 그들은 무슨 말을 하고 있을까. 젊은 아버지가 어린 아들에게 해 주고 싶은 이야기는 무엇일까. 열려 있는 바다 그 너머에 있을 미지의 세계를 이야기 하고 그토록 커다란 세상을 향해 큰 꿈을 가지라고 이야기 하겠지. 지금은 이렇게 캄캄하지만 내일이면 밝은 해가 떠올라서 바닷물은 금빛으로 반짝이고 배들은 먼 바다로 힘차게 나아간다고 말할 테지. 밤이 가면 아침이 오듯이 세상살이에도 신산함과 환희가 거듭되는 것이라고 스스로에게 또 아들에게 낮은 음성으로 이야기 하겠지. 다 알아듣지 못하는 아이는 하품을 한다. 아버지가 무릎을 꿇고 아들을 안는다. 그들은 이제 한 개의 하얀 점이 된다. 그 순간 아버지가 말하지 않았을까.

"그러니까, 너는 씩씩하게 자라기만 하면 되는 거야."

넓은 가슴에 머리를 기댄 채 잠이 드는 아들을 안고 키가 큰 아버지가 걸어간다. 불이 켜진 저 숙소의 어느 방에서 단잠에 들 그들을 생각하며 다시 걸음을 뗀다.

늦은 아침이다. 온갖 상념에 붙잡혀 뒤척이다가 희붐해질 때야 겨우 잠이 들었기 때문이다. 아침 바다를 만나야지. 해안의 공기는 무척 습윤하다. 살갗에 이슬처럼 와 닿는 공기의 감촉은 그러나 싫지 않다. 어렵게 가진 시간이니 모든 게 다 귀하다.

바다는 힘차게 하루를 열었다. 파도도 멀리 떠가는 배도 역동적이다. 물기로 번들번들해진 갯바위들을 조심스럽게 디디며 층층의 암석이 만들어 낸 기묘한 단면을 살핀다. 이태백이 배 타고 술 마시다가 강물에 비친 달에 반해서 빠져 죽었다는, 중국의 '채석강'과 비슷하다 하여 이곳을 같은 이름으로 부른다. 켜켜로 쌓인 엷은 암석들의 모양이 책을 포개어 놓은 형상이라고 한다. 그러고 보니 꼭 그렇다. 어떤 부분은 낡아서 너덜너덜해진 헌 종이를 쟁여 둔 모양 그대로이다. 이 암석의 켜들이 다 책이라면 여기에 담긴 인간의 정신 또한 무한이라 해도 좋을 터이다. 무량수의 책들을 보며 숙연해진다. 발밑 바위에는 작은 조가비들이 들러붙어 화석마냥 무더기무더기 꽃무늬를 이루고 있다.

넙적한 바위 사이의 얕은 물에 손톱만한 게들이 놀고 있다.

고둥을 뒤집어쓰고 기어 다니는 놈도 있다. 저쪽 바위에서 아이가 게들의 노는 양을 보는 듯 즐거운 소리를 지른다. 아버지는 그 모습을 필름에 담겠다고 이렇게 또 저렇게 자세를 바꾸고 있다. 흰옷도 아니고 얼굴도 보지 못했지만 어젯밤의 그 부자라는 생각이 든다. 아이의 엄마는 왜 보이지 않을까. 밤에는 대개의 풍경들이 지워져서 대상을 실루엣으로 인식하게 된다. 따라서 사유도 관념적이고 추상적이 되는 모양이다. 하지만 아침에는 모든 것이 확연하게 보이기 때문에 좀 더 현실적이 된다. 공연한 근심이리라. 아버지는 아들과 특별한 시간을 가지고 싶었을 터이다.

이순원의〈아들과 함께 걷는 길〉이란 자전적 소설이 생각난다. 아버지가 아들과 함께 대관령 고갯길을 걸으며 나누는 대화를 통해 할아버지 아버지 아들로 이어지는 끈끈한 사랑, 가족의 의미를 일깨워주는 소설이다. 그 아들에 비해서 오늘의 이 아들은 어리다. 그래서 그만한 이야깃거리는 되지 못하겠지만 아버지와 아들 사이에 흐르는 정은 조금도 덜하지 않을 성싶다.

물이 들어온다. 더는 안 되겠다 싶어 발을 닦고 운동화를 신는다. 해안의 돌계단까지 비켜서서 돌아보니 채석강 앞바다는 어느새 나와 그 부자 그리고 몇몇 사람들이 놀던 바위를 덮은 채 넘실대고 있다. 젊은 아버지와 어린 아들이 보여 주었던 몇 점의 어여쁜 그림을 가슴에 보듬고 이 바다를 떠나야겠다. 그토록 와보고 싶었지만 두고 가야 한다. 두고 떠나야 하는 것, 이미 익숙해져버린 세상 이치가 아니던가. 그렇다 할지라도 서운함조차 없을까. 단애 밑에서 주운 몇 조각의 납작한 돌로 마음을 달랜다.

(2003)

바다에서 10

- 낚시꾼

바닷바람이 차다. 멀리 수평선에 오래 머물렀던 시선을 근경으로 잡아당기니 거기에 몇 개의 크고 작은 바위섬들이 무심한 듯 떠 있다. 왼쪽 오른쪽에 대칭으로 자리 잡은 제법 큰 바위섬이 눈길을 끈다. 아득히 멀어 보이는 수평선보다는 훨씬 현실감이 있다.

코트 주머니에서 조그만 망원렌즈를 꺼내 바위섬을 잡아본다. 바위더미가 갑자기 눈앞으로 확 달려든다. 높고 낮은, 크고 작은 바위들이 겹쳐져 이루어진 작은 섬이다. 거기 대여섯 명의 남자들이 낚싯줄을 드리우고 있다. 그림으로만 보면 무척 낭만적이지만 아무래도 광기로 느껴진다. 아름다운 광기다. 미치지 않고서야 어찌 겨울바다의 찬바람을 저리 견딜 수 있으랴.

렌즈를 오른쪽 좀 작은 바위섬으로 옮긴다. 거기에는 갈매기 몇 마리가 서로 간격을 두고 앉아 있다. 명상에 잠겨 있는 걸까. 움직임이 거의 없다. 한 쪽엔 사람들 다른 바위엔 갈매기들이 나뉘어져 그들만의 공간과 시간을 누리고 있다. 낚시꾼들과 갈매기들을 번갈아 바라보는 즐거움을 그가 가져간다. 망원렌즈를 빌려서 나처럼 그도 먼 바다를 가깝게 가져오고 싶었으리라.

렌즈를 건네주고 다시 바닷가를 둘러보는데 저쪽 방파제에서 혼자 낚시하는 사람이 보인다. 망설이다가 방파제 쪽으로 발걸음을 뗀다. 낚시꾼은 뜻밖에 할아버지이다. 낡은 파커와 누비바지 차림으로 몹시 남루해 보인다. "어르신, 많이 잡으셨어요?" "뭘요, 오늘은 영 안 잡히는구마." 옆에 놓인 플라스틱 양동이를 들여다보니 작은 물고기 예닐곱 마리가 얕은 물속에서 파닥거리고 있다. 윤기 도는 갈색빛깔의 몸길이가 10여 센티미터쯤 되는가 싶은 고기다. "고기 이름이 뭐예요?" "놀래미라 카는구마." "이거 매운탕 끓여 잡수세요?" 대답이 없다.

허공에 눈길을 던진 채 구부정하게 서 있는 할아버지의 얼굴을 슬쩍 훔쳐본다. 구릿빛 피부, 이마와 뺨에는 굵은 주름이 패어 있다. 깊은 고뇌는 아니어도 세월의 질곡이 훑어간 흔적은 완연하다.

"마누라 고아 먹이는 기구만요."

바람이 몇 줄기는 지나갔음직한 시간이 흐른 후에 무겁게 나온 대답이다. 이 어촌에 온 지 십년도 넘었다고 한다. 이곳은 아내의 고향이고, 중풍에다 당뇨병을 심하게 앓는 아내가 여기에서 살기를 원했다. 충청도의 가난한 농부는 아내를 위해서 남은 날들 살기로 작정하고 동해의 바닷가에 주저앉았다. 날마다 방파제에 나와서 아내에게 먹일 고기를 낚으며 세월을 보내고 있다. 없는 형편에 이만한 보신거리도 없다. 이제는 고기 우려낸 물도 숟가락으로 먹여줘야 겨우 몇 모금 넘긴다고 한다.

"마누라 갈 날만 기다리요. 마누라 가면 저 바우 가에 뿌리주고 나도 갈라요."

할아버지는 조금 전에 내가 바라보았던, 갈매기 몇 마리가 한가롭게 앉아 있던 오른쪽의 작은 바위섬을 가리킨다.

여기 모래톱에 서서 저 수평선을 바라보지 않으면 바다는 없다. 그것은 추상명사로 혹은 관념으로 존재할 뿐이다. 고속도로를 달리고 수묵화로 펼쳐진 빈 들판을 지나서 마침내 해안에 이르렀을 때 비로소 바다는 실체로 와 닿았다.

먼 바다는 몽환적이다. 수평선 저 너머에도 이상향은 존재하지 않음을 익히 알고 있으면서도 먼 바다는 언제나 현실감이 없다. 현실이 아닌 어떤 상태에 놓이고 싶었다. 그래서 달려온다. 잊기 위해서 잊히기 위해서. 다 부려놓고 깃털처럼 가볍게 돌아가고 싶어서.

오늘은 아니다. 먼 바다를 바라보기보다 바로 눈앞에서 출렁이는 바다를 만나고 간다. 등허리가 구부정한 낚시꾼의 마음을 읽고 간다. 어느 나지막한 집에 누워 있을 그의 병든 아내의 손을 잡아준 느낌이 되어 돌아간다.

수평선 너머의 세계, 두 개의 바위섬, 그리고 늙은 낚시꾼, 가까워질수록 내가 살아 있다는 느낌은 오히려 눈물겹다. 깃털처럼 가벼워지지 않으면 어떠리. 살아 있어서 달게 숨 쉬고 긍휼히 여기는 마음으로 사랑할 수만 있다면.

(2004)

■ 연보

• 약력

1953.	경북 달성군 성서면 본리동 감천리에서 아버지 허정수와 어머니 나순이의 2남 4녀 중 다섯째로 태어남. 대구 월배성당에서 유아세례 받음(데레사).
1961.	본리 초등학교 입학. 4학년 때 새싹회 주최 전국 백일장에서 산문 〈감〉으로 입상, 어린이 잡지 ≪어깨동무≫에 게재됨.
1967.	효성여자중학교입학, 문예반활동, 스승의 날 기념 전국공모에서 산문 〈우리 선생님〉으로 우수상수상, 백일장활동으로 졸업식 때 공로상수상.
1970.	경북여자고등학교입학, 문예반활동.
1972.	효성여자대학교(현 대구가톨릭대학교) 약학과 입학. 76년 졸업. 78년 약국개설.
1974.	1월 1일 어머니 선종.
1980.	박교표와 대구 계산성당에서 혼배.
1982.	3월 20일 딸 찬미 태어남.
1984.	10월 1일 아들 일청 태어남.
1989.	제17회 전국약사문예에서〈할머니 회상〉으로 수필부문 당선.
1989. 12.~1993.	종근당 사보에 〈여약사칼럼〉 연재.
1990.	≪월간에세이≫ 2월호에 〈뜰을 갖고 싶다〉로 초회

	추천, 10월에 〈이장移葬〉으로 완료추천 등단함.
1990.~	대구시 약사회 편집위원으로 수년 간 활동하면서 약사회보에 르포와 기사를 쓰고 콩트와 칼럼 〈청심언〉을 연재함. 경북일보 〈경북춘추〉, 약사공론 〈춘추필적〉 연재.
1991.	≪월간에세이≫에 〈허창옥칼럼〉 5회 연재. 매일신문에 〈여성칼럼〉 씀.
1993.	매일신문 〈매일춘추〉 집필.
1994.	12월 30일 매일신문에 송년수필 〈해 저문 날의 독백〉게재. 8월부터 5개월간 영남일보 주말영남에 〈조제실 정담〉 연재. 제6회 약사문학상 수상. 대한약사회장 표창.
1995. 9. 15.	영남일보 여성 명사 릴레이 집필 〈나의 소녀시절〉 게재.
1996. 1. 3.	문학의 해 선포기념 TBC 생방송 "좋은 아침입니다"출연, 2002년"여성작가 3인 토크쇼"출연. 2005년 "향토의 작가" 출연, 일상과 문학세계 조명.
1997.	첫 번째 수필집 ≪말로 다 할 수 있다면≫을 〈문학수첩〉에서 출간함.
1997.	제15회 대구문학상수상.
1998.	≪글사랑≫에 정혜옥 수필선집 〈풍금소리〉 서평 씀.
1999.	≪수필과비평≫ 1,2월호 〈이 작가를 주목한다〉에 〈자화상〉 외 5편 발표.

2000.	매일신문에 〈내 쉴 곳은 작은 내 집뿐〉 등 2007년까지 "주말에세이" 5회 게재. 2월 29일 대구일보 새천년특집 〈나의 문학, 나의 21세기〉 게재. ≪대구문학≫ 봄호 새천년특집 〈21세기 문학의 전망과 과제〉에 〈문학, 그 영원한 효용성〉 발표.
2002.	한국문예진흥원 문예진흥지원금 수혜, 두 번째 수필집 ≪길≫을 〈도서출판 그루〉에서 출간.
2002.	매일신문 제1기 독자위원, TBN 교통방송 청취자위원 위촉됨.
2003.	≪생각과 느낌≫ 여름호에 특집 〈이 작가를 주목한다〉 〈길.1〉 외 2편과 〈문학적 자전〉 발표.
2004.	≪대구문학≫ 봄호 "작품 깊이 읽기"에 〈삶〉외 2편과 〈문학적 자전〉 발표. ≪대구문학≫ 가을호에 이재호 수필집 ≪석 장의 지폐≫에 대한 평설 〈존재의 허무와 초월에의 의지〉 발표. ≪개성문학≫ 19호에 〈대구여성문학의 현황〉 발표.
2005.	대구예총기관지 ≪아트포럼≫에 문화비평 〈글쓰기를 위한 변주〉 발표.
2005.~2006.	격월간지 ≪에세이스트≫에 촌평 및 월평 씀.
2005.	계간 ≪수필세계≫ 봄호~ 2010 봄호, 산문산책 〈그날부터〉 20회 연재.
2005.	≪에세이스트≫ 신인평론가상.
2006.	≪대구문학≫ 가을호 계간평 〈시선 따라가기〉 씀. ≪에세이스트≫ 1,2월호 문제작가 신작특집

	〈해후〉 외 4편 발표.
2007.	산문집 ≪국화꽃 피다≫를 〈북랜드〉에서 출간. 10월3일 대구문학제 시노래 축제 중 노랫말 〈그대 뒷모습〉을 써서 고무밴드의 김영주님이 작곡, 노래함.
2008.	세 번째 수필집 ≪먼 곳 또는 섬≫을 〈선우미디어〉에서 출간.
2008.	매월당 김시습 문학상 수필부분 본상 수상.
2009.~2010.	매일신문 신춘문예 수필 심사.
2010.	수필선집 ≪세월≫ 현대수필가 100인선 〈좋은수필사〉출간.

• 문단활동

1990.~2004.	대구여성문인회 회원.
1992.~2004.	영남수필문학회 회원.
1999.	수필문우회에 입회.
2003.~2005.	대구문협 수필분과위원장 역임.
2004.~2005.	대구가톨릭문인회 부회장 역임.
2007.~현재	대구수필가협회 부회장.
현재	한국문인협회, 수필문우회, 대구문인협회, 대구수필가협회, 대구가톨릭문인회, 회원 대구광역시약사회 이사. 우성약국경영.

현대수필가 100인선 · 67
허창옥 수필선

세월

초판인쇄 | 2010년 7월 20일
초판발행 | 2010년 7월 27일

지은이 | 허 창 옥
펴낸이 | 서 정 환
펴낸곳 | 좋은수필사

주 소 | 서울시 종로구 익선동 30-6
운현신화타워 빌딩 3층 305호
전 화 | 02)3675-5635, 063)275-4000
등 록 | 1984년 8월 17일 제28호
홈페이지 | http://www.shinapub.com
e-mail | essay321@hanmail.net

값 7,000원

ISBN 978-89-5925-336-4 04810
ISBN 978-89-5925-247-3 (전 100권)